Anselm von Canterbury

✠

Cur Deus Homo

oder

Weshalb Gott Mensch wurde

Zu dieser Ausgabe.

Der Text dieses Buches folgt der Ausgabe:
Des h. Anselm von Canterbury zwei Bücher Cur Deus homo oder Warum ein Gott-Mensch. Übers. v. B. Schirlitz, Quedlinburg 1861.
Der Text wurde in die traditionelle deutsche Rechtschreibung übertragen, und zum besseren Verständnis für den heutigen Leser sprachlich bearbeitet. Zur Originalvorlage gehörige, jedoch überflüssig erscheinende Fußnoten wurden gelöscht.

Anselm von Canterbury

Cur Deus Homo

oder

Weshalb
Gott Mensch wurde

Schätze der christlichen Literatur

Band 11

Impressum:
© 2018 Conrad Eibisch (Hrsg. u. Bearb.)
Übers. v. B. Schirlitz, 1861.
Herstellung und Verlag: BoD – Books on Demand, Norderstedt.
ISBN: 978-3-74814-747-3

Vorrede.

ALS in der zweiten Hälfte des elften Jahrhunderts das kirchliche Leben einen frischen, kräftigen Aufschwung nahm, goß es seinen Inhalt zugleich in eine neue wissenschaftliche Form. Es entwickelte sich durch Vermittlung mit der Philosophie und Dialektik des Plato und Aristoteles im Dienst der Kirche die Scholastik, welche sich die Spekulation über das Dogma zur Aufgabe stellte. Den Klosterschulen, deren Vorsteher und Lehrer *Scholastici* hießen, verdankt sie ihre Entstehung und ihren Namen. Unter der Voraussetzung, daß die Kirchenlehre unbedingt wahr sei, ist die Scholastik bestrebt, dieselbe denkend zu begreifen und vor der Vernunft als notwendig zu rechtfertigen, nach dem Grundsatze des Augustinus: „der Glaube geht der Erkenntnis voran." Wenn die Scholastik in dem späteren geschichtlichen Verlauf ihre geistige Riesenkraft oftmals über dem Kleinlichen zersplitterte, so behauptete sie in der ersten Periode ihrer Entwickelung (vom Ende des 11. bis Anfang des 13. Jahrhunderts) einen wahrhaft spekulativen, in den christlichen Glaubensgehalt tief eindringenden Charakter. Dieser Charakter ward ihr aufgeprägt von dem heiligen Anselm, dem Ersten unter den Scholastikern der Zeit und Würde nach.

Anselm wurde zu Aosta in Piemont im Jahre 1033 geboren. Seine fromme Mutter Ermenberga gab durch Erziehung dem Herzen ihres Kindes eine christliche Richtung und die Neigung zum Mönchsleben. Aber der weltlich gesinnte Vater wehrte dieser Neigung, ließ den heranwachsenden Jüngling nach dem Tode der Mutter verwildern und trieb ihn durch Haß und unwürdige Behandlung aus dem väterlichen Haus. Der Vertriebene schweifte drei Jahre lang in Frankreich umher, bis Gott es fügte, daß er zum Glück unter die Zucht des um seiner Gelehrsamkeit und Heiligkeit willen hochgepriesenen Lanfrank in das Kloster Bec in der Normandie kam, wo er, am Geist und Herzen neu geboren, den Grund für seine kirchlich-theologische Bedeutsamkeit legte. Aus der Schule in den Orden aufgenommen, wurde er wenige Jahre nachher zum Prior und 1078 schließlich zum Abt des Klosters ernannt. Unverdrossen übte er alle mit diesem wichtigen Dienst verbundenen Pflichten aus, ebenso treu im Kleinsten, wie im Größten, in den vielen niedrigen und unfruchtbaren Geschäften, welche sein Vorsteheramt im Kloster mit sich brachte, wie in den unmittelbar geistlichen Funktionen. Mit seiner Berufung nach England als Erzbischof von Canterbury im Jahre 1093 übernahm er eine höhere Würde und ein reicheres Arbeitsfeld, aber zugleich auch ein volleres Maß Leiden. Denn sein kraftvolles Auftreten für die Unabhängigkeit der Kirche nach den Grundsätzen Hildebrands gegen die maßlosen Übergriffe der Könige Wilhelm II. und Heinrich I. zog ihm schwere Kämpfe und eine zweimalige

Verbannung zu. Drei Jahre nach seiner Rückkehr aus dem zweiten Exil starb er 1109.

An der Geistesrichtung Anselms haben wir besonders das Harmonische hervorzuheben. Gefühl und Erkennen, das mystische und dialektische, das kontemplative und praktische Element vereinigte sich in seiner Persönlichkeit. Zwischen Leben und Wissenschaft, Denken und Handeln fand bei ihm kein Unterschied statt: die christliche Liebe und Demut verknüpfte die mannigfaltigen Richtungen des geistigen Lebens, die sich in anderen mehr sondern, oder auch ausschließen und in Gegensatz zueinander treten, in ihm zu unlösbarer Einheit. Von einem so harmonischen Geist, als welcher uns Anselm erscheint, werden wir nicht erwarten dürfen, daß seine Spekulation über den Glaubensinhalt durch den Widerspruch des natürlichen Bewußtseins gegen die göttliche Wahrheit angeregt worden sei. Die innere Erfahrung, der Beweis des Geistes und der Kraft in seinem Herzen gab ihm ein solches Zeugnis von der Realität des Geglaubten, welches auch unabhängig von Gründen der Vernunft und vor aller begrifflichen Erkenntnis feststand. Wenn aber sein gläubiges Herz mit dieser unmittelbaren Gewißheit allein schon vollkommen zufriedengestellt war, so wollte doch auch der ihm eigene Spekulationsdrang und Forschungstrieb den gebührenden Anteil haben. „Wie es in der Ordnung ist", sagt er, „daß wir die tiefen Geheimnisse des christlichen Glaubens durch den Glauben uns aneignen, ehe wir eine Auseinandersetzung derselben mit der Vernunft vornehmen; so scheint es mir Nachlässigkeit, wenn wir nach erlangter Standhaftigkeit im Glauben keinen Trieb fühlen, das Geglaubte einzusehen." Diesem Grundsatz zufolge hatte er das Bedürfnis und Streben nach rationeller Bestimmung und Begründung dessen, was ihm an sich das gewisseste war, zugleich mit dem Gefühl, vor jeglicher Abirrung davon sicher zu sein. Es ist derselbe Grundsatz, welchen er schärfer und bestimmter in den berühmten Worten ausdrückt: „Ich suche nicht zu erkennen, um zu glauben, sondern ich glaube, um zu erkennen. Denn auch dieses glaube ich, daß ich ohne vorhergehenden Glauben nicht erkennen würde"; der obengenannte Grundsatz: „Der Glaube geht dem Erkennen voran", welchen er zwar dem Wortlaut nach von Augustin entliehen, aber mit schöpferischer Selbständigkeit auf sein eigenes wissenschaftliches System angewandt, in die mittelalterliche Theologie eingeführt und für alle Zeiten zur Grundlage der christlichen Glaubenslehre erhoben hat.

Zur genaueren Einsicht in den Sinn des ebengenannten Satzes erinnern wir uns an die obige Bemerkung, daß der durch die Kirche überlieferte Glaube von der Scholastik als unbedingt wahr anerkannt wurde. So deckte sich auch bei Anselm sein subjektiver Glaube mit dem durch die Kirche gegebenen Glauben, das Christliche mit dem Kirchlichen und Katholischen. Diesen Glauben nun erstens rein und unabhängig von der Willkür der Spekulation zu erhalten und zweitens seine Übereinstimmung mit der göttlich erleuchteten Vernunft darzulegen, war das Ziel der Anselm'schen Theologie, welches in dem erwähnten grundlegenden Satz ausgedrückt ist. Durch ihn wurden seine Forschungen in der heiligen Schrift und Augustinus geleitet, ihn machte er gegen alle destruktive, Glauben und Denken auseinanderreißende Dialektik geltend. Die philosophische Richtung, welche er als Realist im platonischen Sinn verfolgte, überzeugte ihn in Verbindung mit seiner theologischen Anschauung, daß die Begriffe und Ideen des nach Gott gebildeten Menschengeistes ihren Urbildern in der göttlichen Vernunft nicht widersprechen könnten, daß also auch die geoffenbarten Glaubenswahrheiten für das menschliche Denken Realität und Notwendigkeit haben müßten. „Der höchste Geist ist das Licht, aus welchem alle Wahrheit, die dem endlichen Geiste leuchtet, ausstrahlt. Ohne Gott keine Wahrheit; die Wahrheit im Denken setzt die Wahrheit des Seins voraus." Aus dem so dargelegten Verhältnis des menschlichen Geistes zum göttlichen Geist hat Anselm die Lehre von Gott abgeleitet und in dem Monologium und Proslogium spekulativ entwickelt.

Die unbedingt höchste, sowohl wissenschaftliche als auch kirchliche Bedeutung unter allen Schriften Anselms hat sein Werk *Cur Deus Homo* erlangt. Sein Inhalt ist die christliche Versöhnungslehre in einer Ausbildung welche für die ganze nachfolgende Zeit in der Kirche gültig blieb und bis jetzt dem Wesen nach weder berichtigt, noch gefördert worden ist. Anselm war der erste, der die Menschwerdung Gottes und den Tod des Gottmenschen zur Versöhnung des gefallenen Menschengeschlechtes als notwendig nachwies, auf eine tiefere Auffassung des

Begriffs der Sünde, der Strafe und der göttlichen Gerechtigkeit sich gründend. Was die Kirchenlehrer vor ihm über diesen Mittelpunkt der Heilslehre gesagt hatten, nahm er mit demütiger Beugung unter die Autorität der kirchlichen Überlieferung und mit hingebender Liebe auf, um sich zu weiteren Forschungen dadurch anregen zu lassen. Alle seine Vorgänger erklärten sich darin einverstanden, daß mit dem Opfertod Christi eine genugtuende und versöhnende Anstalt für die Menschheit von Gott getroffen sei. Doch die wesentlichen Gründe der Menschwerdung und des Leidens Christi und die Art, wie hieraus die menschliche Erlösung folgt, waren noch nicht mit hinreichender Schärfe und sachgemäßer Tiefe untersucht worden. Dem denkenden Bewußtsein Anselms genügte es nicht, bei dem unmittelbaren Gedanken stehenzubleiben, daß die geschichtliche Erlösungstat mit der Gottesidee und dem Bedürfnis des Menschen harmoniere; er suchte jener Harmonie auf den Grund zu kommen, den vernünftigen Unterbau für ihre Wahrheit aufzuzeigen, die in Gott selbst gegründete Notwendigkeit einer Erniedrigung von solcher Tiefe. Die damals herrschende Auffassung, welche die Erlösung für einen Rechtshandel Gottes mit dem Satan nahm, hielt er wegen ihrer offenbaren Schwächen für keinen befriedigenden Erklärungsversuch, sondern fand sie eher bedenklich. Indem nämlich das Irrtümliche an dieser Auffassungsweise dem Scharfblick der Ungläubigen nicht entging, benutzten sie die gegebene Blöße, um so ihre Angriffe gegen die ganze Genugtuungslehre zu richten. Wenn nun

die Gläubigen – was sehr häufig geschah, da die Genugtuungslehre damals gerade ein vielbesprochener Gegenstand bei Gelehrten und Ungelehrten, Theologen und
Laien war – in Disputationen über die Erlösung mit
ihnen verwickelt wurden, mußten sie ihren Gegnern das
Feld räumen, so lange es ihnen nicht gelang, die Notwendigkeit der Menschwerdung und den inneren Zusammenhang zwischen dem Leiden Christi und der Seligkeit der
Welt nachzuweisen. Manche trugen aus derartigen Käm-
pfen den quälenden Zweifel nach Hause, ob Gott nicht
ebensogut durch eine andere Person, einen Engel oder
Menschen, oder durch seinen bloßen Willen die Menschen habe erlösen können. Solcher angefochtenen Ge-
müter gab es viele unter den Mönchen im Kloster zu Bec.
Von ihnen war Anselm gebeten worden, ihnen die Notwendigkeit der Menschwerdung und des Versöhnungs-
todes Christi darzutun. So kam zu dem inneren Trieb bei
ihm die Anregung von außen, und beides zusammen
bestimmte ihn, den hohen Gegenstand erst mündlich mit
seinen Mönchen zu besprechen, dann die Ergebnisse
seiner Besprechung niederzuschreiben. Auf diese Weise
ist die Schrift *Cur Deus Homo* entstanden; unter man-
nigfachen Anfechtungen von dem Verfasser in England
angefangen, und in dem italienischen Exil vollendet. Über
Namen und Einteilung erklärt sich die Vorrede, über die
Wahl der Gesprächsform im ersten Buch das erste Kapitel
am Ende.

Zum Schluß lassen wir die tiefe Demut des großen
Denkers selber den Leser seines Buches anreden: „Ich will

den Versuch machen, nach meinem Vermögen das, was du suchest, nicht sowohl zu zeigen, als mit dir zu suchen; aber nur mit der Bedingung, daß du alle meine Aussagen, wenn sie nicht ein höheres Ansehen bestätigt, obschon ich dieselben mit der Vernunft zu beweisen scheine, mit keiner anderen Gewißheit annimmst, als daß es mir inzwischen so vorkommt; bis Gott irgendwie etwas besseres offenbart. Kann ich nun deinem Forschungstrieb einigermaßen genügen, so wird es dir doch immer gewiß bleiben müssen, daß ein Weiserer als ich dieses vollkommener tun kann; ja, du mußt wissen, daß bei allem, was ein Mensch davon wissen oder sagen kann, immer noch tiefere Gründe eines so großen Gegenstandes verborgen liegen."

Vorrede des heiligen Anselm.

DAS nachfolgende Werk bin ich um einiger Leute willen, welche, ehe es fertig und gründlich geprüft war, die ersten Teile desselben ohne mein Wissen für sich abschrieben, eiliger als es mir gelegen war, und deshalb kürzer als ich wünschte, nach Möglichkeit zusammenzudrängen gezwungen worden. Denn mehreres, was ich verschwiegen habe, hätte ich eingefügt und dazugesetzt, wenn es mir gestattet gewesen wäre, in der Ruhe und dem entsprechenden Zeitmaß jenes zu schaffen. Denn unter großer Herzensnot – woher und warum ich diese gelitten habe, weiß Gott – habe ich es auf Bitten in England begonnen und in der Capuanischen Provinz[1] als ein Verbannter beendet. Nach dem Stoff, von dem es handelt, habe ich es „Weshalb Gott Mensch wurde"[2] genannt und in zwei Bücher eingeteilt. Das erste von diesen enthält die Einwürfe der Ungläubigen, welche den christlichen Glauben verschmähen, weil sie ihm im Widerstreit

---

[1] Kampanien in Unteritalien. Anselm hielt sich während seiner ersten Verbannung aus England (1097-1100) eine Zeitlang bei seinem Freund Johannes, dem Abt des Salvatorklosters bei Telesino, auf einem Gut dieses Klosters, namens Sclavia, auf, ca. 40 Kilometer östlich von Capua.
[2] Lat.: *Cur Deus Homo.*

mit der Vernunft meinen, und die Antworten der Gläubigen; und beweist schließlich, indem es Christus der Betrachtung fernhält, als ob es niemals etwas von ihm gegeben hätte, mit zwingenden Gründen, wie unmöglich es sei, daß irgendein Mensch ohne ihn selig werde. Im zweiten Buch aber wird, unter derselben Voraussetzung, als wüßte man nichts von Christus, mit nicht weniger einleuchtenden Vernunftschlüssen und Wahrheitsgründen gezeigt, daß die menschliche Natur darauf angelegt ist, dereinst den ganzen Menschen, d. h. den Menschen nach Leib und Seele, zum Genuß der seligen Unsterblichkeit zu führen. So müsse notwendig aus dem Menschen das werden, um dessen willen er geschaffen ist, aber nur durch den Gottmenschen, und infolge jener Notwendigkeit müsse alles, was wir von Christus glauben, tatsächlich sein. Diese kleine Vorrede mit den Kapiteln der ganzen Schrift mögen alle, die das vorliegende Buch abschreiben wollen, auf mein Verlangen vor seinen Anfang setzen; damit ein jeder, in dessen Hände es kommt, ihm gewissermaßen am Gesicht ansieht, ob sich am ganzen Leib etwas befindet, worüber er nicht hinwegsehen darf.

Übersichtlicher
Inhalt der einzelnen Kapitel.

Erstes Buch.

obgleich sich dieselben nicht auf seine Gottheit beziehen, doch

nach seiner Menschheit über ihn ausgesagt werden und weshalb sie sich nicht in den Gedanken finden wollen, daß er als Mensch freiwillig gestorben ist.

9. Daß er freiwillig gestorben ist, und was die Stellen zu bedeuten haben: Er ward gehorsam bis zum Tode – darum hat ihn Gott erhöht – ich bin nicht gekommen, meinen Willen zu tun – er hat seines eigenen Sohnes nicht verschont – nicht wie ich will, sondern wie du willst.

10. Wie man die vorerwähnten Stellen noch auf andere Weise richtig verstehen kann.

11. Was heißt Sündigen und für die Sünde genugtun?

12. Ob Gott aus bloßem Erbarmen ohne alle Bezahlung die Sünden erlassen darf.

13. Daß es nichts Unerträglicheres gibt in der Ordnung der Dinge, als daß die Kreatur dem Schöpfer die schuldige Ehre entzieht und nicht bezahlt, was sie entzieht.

14. Was für eine Ehre Gottes die Strafe des Sünders ist?

15. Ob Gott auch nur die geringste Verletzung seiner Ehre duldet.

16. Grund und Ursache, warum die Zahl der gefallenen Engel durch die Menschen ersetzt werden muß.

17. Daß andere Engel an die Stelle jener nicht treten können.

18. Ob es mehr heilige Menschen geben wird, als böse Engel sind.

19. Daß der Mensch nicht selig werden kann ohne eine Genugtuung für die Sünde.

20. Daß die Genugtuung nach dem Maß der Sünde sich richten muß und der Mensch sie nicht durch sich selbst leisten kann.

21. Von wie großem Gewicht die Sünde ist.

22. Welchen Schimpf der Mensch Gott angetan hat, als er sich vom Teufel hat überwinden lassen, und daß er für diesen Schimpf gar keine Genugtuung zu leisten vermag.

23. Was er Gott, als er sündigte, genommen, ohne es wieder erstatten zu können.

24. Daß der Mensch, so lange er Gott nicht gibt, was er schuldig ist, nicht selig sein kann und sein Unvermögen keine Entschuldigung findet.

25. Daß der Mensch notwendigerweise durch Christus selig wird.

Zweites Buch.

1. Daß der Mensch von Gott gerecht geschaffen ist, damit er durch die Freude an Gott selig wäre.

2. Daß der Mensch nicht sterben würde, wenn er nicht gesündigt hätte.

3. Daß der Mensch mit dem Leib, in welchem er im diesseitigen Leben lebt, auferstehen wird.

4. Daß Gott an dem menschlichen Wesen vollenden wird, was er angefangen hat.

5. Obgleich dies notwendig geschehen muß, wird Gott es doch nicht aus Zwang der Notwendigkeit tun; ferner was für eine Notwendigkeit den Dank wegnimmt oder

vermindert, und was für eine Notwendigkeit ihn vermehrt.

6. Daß die Genugtuung, durch welche der Mensch selig wird, nur der Gottmensch leisten kann.

7. Die Notwendigkeit, daß ebenderselbe Gottmensch vollkommener Gott und vollkommener Mensch zugleich sei.

8. Daß Gott den Menschen aus dem Geschlecht Adams und von einer Jungfrau annehmen muß.

9. Daß allein das Wort und der Mensch zu einer Person zusammengehen müssen.

10. Daß ebenderselbe Mensch nicht aus Schuld stirbt, und wie es ihm möglich oder unmöglich ist, zu sündigen, und warum er oder ein Engel wegen seiner Gerechtigkeit gelobt werden muß, obgleich ihnen die Sünde eine Unmöglichkeit ist.

11. Daß der Gottmensch aus seiner eigenen Macht stirbt und daß die Sterblichkeit nicht zur reinen Natur des Menschen gehört.

12. Daß der Gottmensch, obgleich unserer Schäden teilhaftig, doch nicht unselig ist.

13. Daß der Gottmensch bei unseren übrigen Schwächen die Unwissenheit nicht hat.

14. Wie sein Tod die Zahl und Größe aller Sünden überwiege.

15. Wie ebendieser Tod des Gottmenschen auch die Sünden seiner Mörder tilgt.

16. a. Wie Gott aus der sündigen Masse einen sündlosen Menschen angenommen hat und über die Erlösung Adams und Evas.

16. b. Wie der nicht mit Notwendigkeit gestorben ist, der nur sein konnte, weil er sterben sollte.

17. Daß bei Gott keine Notwendigkeit oder Unmöglichkeit ist, und was man unter einer zwingenden Notwendigkeit und einer nicht zwingenden Notwendigkeit zu verstehen hat.

18. Wie das Leben Christi Gott für die Sünden der Menschen gezahlt wird, und wie Christus leiden mußte und nicht mußte.

19. Wie aus seinem Tode die menschliche Erlösung folgt.

20. Wie groß und wie gerecht die Barmherzigkeit Gottes ist.

21. Daß die Versöhnung des Teufels unmöglich ist.

22. Daß in dem Gesagten der Beweis liegt für die Wahrheit des Alten und Neuen Testamentes.

Cur Deus Homo

oder

Weshalb Gott Mensch wurde.

Erstes Buch.

1. Kapitel.

Die Frage, von der das ganze Werk abhängt.

ICH bin oftmals sehr angelegentlich von vielen auf mündlichem wie brieflichem Wege angegangen worden, die Gründe einer Frage über unseren Glauben, mit denen ich den Fragenden zu antworten pflege, durch schriftliche Aufzeichnung dem Gedächtnis zu überliefern; denn sie behaupten, daß sie mit denselben einverstanden wären und halten sie für genügend. Diese Bitte tun sie nicht in der Absicht, um durch die Vernunft zum Glauben zu kommen, sondern um sich an dem Verständnis und der Betrachtung dessen, was sie glauben, zu ergötzen und, soweit sie es können, allezeit bereit zu sein zur Verantwortung jedermann, der Grund fordert der Hoffnung, die in uns ist.[3] Es handelt sich nämlich um die Frage, welche die Ungläubigen, wenn sie die christliche Einfalt zum Narren haben, uns gewöhnlich entgegenhalten und viele Gläubige in ihren Herzen bewegen: Aus welchem Beweggrund oder mit welcher Notwendigkeit

---

[3] 1. Pet. 3, 15.

Gott Mensch geworden sei und durch seinen Tod, wie wir glauben und bekennen, der Welt das Leben gegeben habe (da er dies doch entweder durch eine andere Person, sei es nun die eines Engels, sei es die eines Menschen, oder durch seinen bloßen Willen hätte vollbringen können). Über diese Frage wünschen nicht allein die Gelehrten, sondern auch viele Ungelehrte Aufschluß und Rechenschaft zu haben. Weil also viele auf die Behandlung derselben dringen und trotz der anscheinend großen Schwierigkeit, die, während sie getan wird, an ihr haftet, jene Frage bei der Auflösung selbst für alle begreiflich und um ihres Nutzens, wie um des schönen Eindruckes willen, welchen eine wissenschaftliche Erörterung macht, auch anziehend ist; so werde ich, wenngleich schon seit den Zeiten der heiligen Väter Hinreichendes darüber gesagt ist, dennoch bemüht sein, das, was mir Gott aus huldreicher Liebe zu schauen gibt, den mich darum Angehenden zu zeigen. Und weil endlich das, was durch Frage und Antwort aufgefunden wird, vielen Köpfen, am meisten solchen, die etwas träge sind, deutlicher wird und deshalb mehr zusagt, so will ich von denen, die dies begehren, einen, welcher vor den übrigen besonders eindringlich mich dazu auffordert, in der Unterredung mit mir annehmen, so daß Boso[4] fragt und Anselm antwortet, in der Weise wie folgt.

---

[4] Boso, einer der liebsten Schüler Anselms und im Jahre 1124 sogar dessen Nachfolger als Abt von Bec.

2. Kapitel.

Wie jeder Ausspruch zu nehmen ist.

Boso: Wie die richtige Ordnung verlangt, daß wir die Tiefen des christlichen Glaubens glauben, bevor wir unternehmen sie vernünftig zu erörtern; so scheint es mir Nachlässigkeit, wenn wir, nachdem wir im Glauben befestigt sind, keinen Fleiß anwenden, das Geglaubte einzusehen. Weil ich nun durch die zuvorkommende Gnade Gottes im Glauben an unsere Erlösung mich für so gegründet halte, daß, wenn ich auch mit keiner Vernunft was ich glaube fassen könnte, dennoch nichts mich von jenem festen Grund loszureißen vermöchte, so bitte ich dich, mir zu eröffnen, was, wie du weißt, mehrere mit mir erbitten: mit welcher Notwendigkeit und aus welchem Grund Gott, obgleich er allmächtig ist, die Niedrigkeit und Schwäche der menschlichen Natur zur Erlösung derselben angenommen hat?

Anselm: Deine Frage geht über mein Vermögen hinaus und deshalb befürchte ich, zu Hohes zu behandeln; denn es dürfte vielleicht mancher, wenn er glaubte oder auch sähe, daß ich ihm keine Genüge täte, eher zu der Überzeugung geneigt sein, daß mir die Wahrheit der Sache selbst abgeht, als daß mein Verstand sie zu fassen unzulänglich ist.

Boso: Du darfst nicht so der Befürchtung, wie der Beherzigung Raum geben, daß während der Unterredung über irgendeine Frage oftmals genug Gott das früher Verborgene offenbart, und mußt von der Gnade Gottes hoffen, du werdest, wenn du das, was du umsonst empfangen hast, gern mitteilst, das Höhere, zu dem du dich noch nicht emporgeschwungen hast, zu erlangen gewürdigt werden.

Anselm: Es gibt noch etwas anderes, wegen dessen nach meiner Einsicht entweder kaum oder ganz und gar nicht der vorliegende Gegenstand auf vollständige Weise zwischen uns verhandelt werden kann; denn dazu ist erforderlich die Kenntnis der Macht, der Möglichkeit, der Notwendigkeit, des Willens und noch anderer Bestimmungen, welche sich so verhalten, daß deren keine ohne die anderen erschöpfend betrachtet werden kann. Ebendeshalb beansprucht die Behandlung derselben eine kleine Arbeit für sich, die, wie ich glaube, leicht und nicht ganz ohne Nutzen ist; denn die Unbekanntschaft mit diesen Bestimmungen macht einiges schwierig, was durch die Kenntnis derselben leicht wird.

Boso: So kannst du kurz von diesen Punkten an ihren Orten reden, daß wir für das gegenwärtige Werk den auskömmlichen Stoff erhalten und was mehr zu sagen ist auf eine andere Zeit aufschieben.

Anselm: Auch zieht mich der Umstand sehr von deiner Bitte ab, daß der gewählte Inhalt nicht bloß ein kostbarer ist, sondern insofern er den betrifft, der von Gestalt der Schönste unter den Menschenkindern ist, auch in einer über menschliche Begriffe schönen dialektischen Form vorgetragen sein will. Daher besorge ich, es möchte mich derselbe Vorwurf des Unwillens treffen, womit ich gegen die schlechten Maler zu eifern pflege, so oft ich unseren Herrn in häßlicher Gestalt von ihnen malen sehe, wenn ich einen so schönen Gegenstand in einer unschönen und verächtlichen Redeweise darzustellen mich unterfange.

Boso: Auch dies darf dich nicht zurückschrecken, weil du einerseits jedem, der es kann, freie Hand lässest, sich besser auszudrücken, andererseits keinem, dem dein Stil nicht gefällt, einen schöneren zu schreiben verwehrst: aber um alle deine Entschuldigungen abzuschneiden, so tust du das von mir Verlangte nicht für die Gelehrten, sondern für mich und die, welche dich mit mir um ebendasselbe ersuchen.

Anselm: Weil ich an dir und an jenen, die mit dir aus Liebe und religiösem Eifer diese Bitte tun, einen so unausweichlichen Ungestüm bemerke, so werde ich nach meinem Vermögen (mit Hilfe Gottes und eurer Gebete, die ihr mir bei eurem Verlangen auf meine eigene Bitte zu dem Ende oft versprochen habt) das, was ihr erfragt, nicht sowohl zu zeigen, als mit dir zu befragen versuchen, aber nur unter der Bedingung, daß alles, was ich sage, so aufgenommen wird, wie ich es aufgenommen wünsche; wenn ich nämlich etwas sage, was von keiner höheren Autorität bestätigt wird, so soll dasselbe, obgleich ich es mit der Vernunft zu beweisen scheine, mit keiner anderen Gewißheit aufgenommen werden, als daß es mir inzwischen so scheint, bis Gott irgendwie etwas besseres offenbart. Wenn ich nun einigermaßen deinem Forschungstrieb ein Genüge tun kann, so muß dir doch gewiß bleiben, daß ein Weiserer als ich dies in vollkommenerer

Art tun kann; ja es muß das Bewußtsein gewahrt werden, daß, was auch immer ein Mensch davon sagen oder wissen kann, die tieferen Gründe eines so hochwichtigen Gegenstandes noch verborgen sind.

Boso: Laß dir's also gefallen, daß ich die Worte der Ungläubigen gebrauche; denn es geziemt sich, wenn wir für unseren Glauben eine vernünftige Begründung aufsuchen wollen, die Einwürfe derer aufzustellen, welche durchaus nicht zu demselben Glauben ohne einen Vernunftbeweis kommen wollen. Denn wenngleich jene den Vernunftbeweis deshalb suchen, weil sie nicht glauben, wir aber, weil wir glauben, so ist doch das, was wir suchen, ein und dasselbe; und wenn du etwas antworten solltest, dem eine heilige Autorität zu widersprechen scheint, mag es mir vergönnt sein, dir jene vorzuhalten, damit du zeigen kannst, wie sie ihm nicht widerspricht.

Anselm: Sag deine Meinung.

3. Kapitel.

Die Einwürfe der Ungläubigen und die Antworten der Gläubigen.

Boso: Die Ungläubigen werfen uns unsere Einfalt verspottend vor, daß wir Gott Schimpf und Schande antun, wenn wir behaupten, er sei in den Schoß der Jungfrau hinabgestiegen, von einem Weib geboren, mit der Milch aus einer Menschenbrust und mit menschlichen Nahrungsmitteln genährt und groß geworden, und habe, um vieles andere zu verschweigen, was Gottes unwürdig scheint, Müdigkeit, Hunger, Durst, Schläge und unter den Missetätern das Kreuz und den Tod erduldet.

Anselm: Wir tun Gott mitnichten einen Schimpf oder eine Schande an, sondern von ganzem Herzen danksagend loben und preisen wir die unaussprechliche Tiefe seiner Barmherzigkeit; denn je wunderbarer und unerwarteter er uns von so großen und so verdienten Übeln, in welchen wir waren, zu so großen und so unverdienten Gütern, die wir verloren hatten, erlöst hat, eine um so größere Liebe und Güte gegen uns hat er bewiesen. Wenn sie fleißig überlegten, wie würdig auf diese Weise für die menschliche Erlösung gesorgt ist, würden sie nicht unsere Einfalt verspotten, sondern mit uns Gottes weisheitsvolle Gnade loben. Denn wie durch eines Menschen Ungehorsam der Tod in das Menschengeschlecht eingedrungen war, so mußte durch eines Menschen Gehorsam das Leben wiederhergestellt werden. Und wie die Sünde, welche die Ursache unserer Verdammnis war, von einem Weib den Anfang genommen hat, so mußte der wahren Gerechtigkeit und unseres Heiles Urheber von einem Weib geboren werden; desgleichen mußte auch der Teufel, der durch den Genuß vom Holz, wozu er ihn verführte, den Menschen besiegt hatte, durch das Leiden am Holz, das er über ihn brachte, von dem Menschen besiegt werden. Außerdem gibt es noch vieles andere, was mit Fleiß betrachtet auf eine unaussprechliche Schönheit

unserer durch göttliche Vorsicht also vollbrachten Erlösung hinweist.

4. Kapitel.

Daß diese Antworten den Ungläubigen des notwendigen
Grundes zu entbehren scheinen und ihnen wie Bilder
vorkommen.

Boso: Alle genannten Tatsachen können für schön und
gleichsam als Gemälde gelten; aber wenn kein fester
Grund vorhanden ist, auf welchem die Ausführung ruht,
scheint es, als ob die Ungläubigen sich darüber nicht
zufrieden geben können, warum wir glauben müssen, daß
Gott das, was wir sagen, habe leiden wollen. Denn wer ein
Gemälde machen will, wählt einen festen Grund, auf dem
er malt, damit das, was er malt, bleibe. Niemand malt auf
das Wasser oder in die Luft, weil auf solchem Grund
keine Spuren von dem Gemälde bleiben. Wenn wir also
diese übereinstimmenden Züge[5], die du angibst, dem
Ungläubigen gewissermaßen als Gemälde einer Tatsache
entgegenhalten, so sind sie, weil sie dieselben nicht für
Tatsache, sondern für Erdichtung halten, der Ansicht,
was wir glauben, malten wir auf eine Wolke. Daher muß
zuerst eine vernunftgemäße Grundlage der Wahrheit, d.
h. die Notwendigkeit aufgezeigt werden, welche beweist,

---

[5] *Convenientias* übereinstimmende, harmonische Züge = „sinnreiche
Analogien oder Parallelen zwischen Fall und Erlösung."

daß Gott bis zu den Stufen der Erniedrigung, die wir preisend verkündigen, sich habe herablassen müssen oder können. Hierauf sind, damit sozusagen der Leib der Wahrheit selbst mehr Hebung bekommt, jene harmonischen Züge als Gemälde eines Leibes[6] auszustellen.

Anselm: Scheint es nicht ein hinreichend notwendiger Grund, warum Gott das von uns Gesagte hat tun müssen, daß das menschliche Geschlecht, ein so köstliches Werk desselben, ganz und gar untergegangen und die völlige Zunichtemachung dessen, was Gott in Betreff des Menschen sich vorgenommen hatte, unziemend war; und daß ebendieser sein Vorsatz nicht verwirklicht werden konnte, wenn nicht das Menschengeschlecht von seinem Schöpfer selbst befreit wurde?

5. Kapitel.

Daß die Erlösung des Menschen durch eine andere, als eine göttliche Person, nicht geschehen konnte.

Boso: Wenn man sich etwa so ausdrücken dürfte, daß ebendiese Befreiung durch eine andere als göttliche Person zustande gekommen sei (entweder durch einen Engel oder durch einen Menschen), so würde der menschliche Verstand dies viel erträglicher finden. Gott konnte nämlich einen unsündlichen Menschen machen, nicht von

---

[6] *Picturæ corporis* Gemälde eines Leibes in dem Sinne eines leibhaftigen Wesens, einer greifbaren Realität.

der sündigen Masse, noch von einem gewöhnlichen Menschen, sondern so wie er Adam gemacht hat, durch welchen ebenjenes Werk, wie es scheint, hätte geschehen können.

Anselm: Siehst du nicht ein, daß, welche andere Person auch immer den Menschen vom ewigen Tod erlöste, der erlöste Mensch mit Recht für ihren Knecht gehalten würde? In diesem Fall nun wäre er unbedingt nicht zu jener Würde wiederhergestellt worden, die er haben sollte, wenn er nicht gesündigt hätte; da er, der nur Gottes Knecht und den guten Engeln in allen Stücken gleich werden sollte, ein Knecht dessen wäre, der nicht Gott wäre und dessen Knechte die Engel nicht wären.

6. Kapitel.

Von dem tadelnden Angriff der Ungläubigen auf unsere Behauptung: Gott habe durch seinen Tod uns erlöst und so seine Liebe gegen uns gezeigt, und sei gekommen, für uns den Teufel zu überwinden.

Boso: Darüber wundern sie sich sehr, daß wir diese Befreiung Erlösung nennen. In welcher Gefangenschaft, sagen sie zu uns, oder in welchem Gefängnis, oder in wessen Gewalt wurdet ihr denn gehalten, daß euch Gott nicht hätte daraus befreien können, ohne euch mit so vielen Leiden und zuletzt mit seinem Blut zu erlösen? Wenn wir ihnen nun darauf entgegnen: Er hat uns erlöst von den Sünden, von seinem Zorn, von der Hölle und von der Gewalt des Teufels, den er, weil wir es nicht konnten, selber für uns zu überwinden gekommen ist, und er hat uns das Himmelreich erkauft; und daß er dies alles in dieser Weise getan hat, zeigt, wie sehr er uns liebte; so antworten sie: Wenn ihr behauptet, daß Gott dies alles durch seinen bloßen Befehl nicht hat tun können, der ja, wie ihr meint, alles durch seinen Befehl geschaffen hat, so widersprecht ihr euch selbst, weil ihr ihn machtlos macht. Oder aber, wenn ihr eingesteht: er konnte es, aber er wollte es nicht anders als so: wie könnt ihr den noch als den Weisen hinstellen, der nach eurer Behauptung ohne allen vernünftigen Grund so Unziemendes leiden wollte? Denn alles das, was ihr vorschützt, steht in seinem Willen; und der Zorn Gottes ist nichts anderes, als der Wille zu strafen. Wenn er also die Sünden der Menschen nicht strafen will, ist der Mensch frei von Sünden, vom Zorn Gottes, von der Hölle und von der Gewalt des Teufels, was er alles um der Sünden willen zu leiden hat, und er erhält das zurück, was ihm eben der Sünden wegen genommen wird. Denn in wessen Gewalt ist die Hölle oder der Teufel? Oder wem gehört das Himmelreich außer dem, der alles gemacht hat? Daher unterliegt alles, was ihr fürchtet oder wünscht, dem Willen dessen, dem nichts widerstehen kann. Wenn er deswegen das Menschengeschlecht auf keine andere, als die von euch bezeichnete Weise, retten wollte, so konnte er es mit dem bloßen Willen: um mich glimpflicher auszudrücken, seht wie ihr seiner Weisheit den Weg vertretet. Denn wenn ein Mensch das, was er leicht tun könnte, mit schwerer

Arbeit ohne Grund täte, würde er unbedingt von keinem für weise gehalten. Eure Meinung nämlich, Gott habe auf solche Weise die Größe seiner Liebe zu euch geoffenbart, läßt sich mit keinem Grund verteidigen, wenn nicht bewiesen wird, daß er den Menschen nicht anders habe retten können. Denn wenn er es nicht anders gekonnt hätte, dann wäre es vielleicht notwendig gewesen, daß er auf diese Weise seine Liebe offenbarte; nun aber, da er den Menschen anders retten kann, was für ein Grund ist da, daß er, um seine Liebe zu offenbaren, das, was ihr nennt, tut und leidet? Oder zeigt er nicht den guten Engeln, wie sehr er sie liebt, für die er solches nicht erträgt? Was aber den Ausspruch anlangt, Gott sei gekommen, für euch den Teufel zu überwinden, in welchem Sinne wagt ihr ihn vorzubringen? Herrscht Gott, die Allmacht, nicht über-all?[7] Wie hatte Gott also nötig, zur Besiegung des Teufels vom Himmel herabzusteigen? Diese Einwürfe scheinen die Ungläubigen gegen uns erheben zu können.

---

[7] Zwei Lesarten: *Deus omnipotentia* Gott die Allmacht und *Dei omni-potentia* Gottes Allmacht. Die erste ziehe ich der zweiten vor.

7. Kapitel.

*Daß der Teufel kein Recht hatte dem Menschen gegenüber,
weshalb er ein solches gehabt zu haben scheint und warum
Gott auf diese Weise den Menschen befreit hat.*[8]

---

[8] Die Auffassungsweise von der Erlösung als einem Rechtshandel Gottes mit dem Teufel, welche an dieser Stelle durch Anselm widerlegt wird, beruht auf den nachfolgenden Grundgedanken: Der Mensch hatte, indem er sich vom Teufel zur Übertretung des göttlichen Gebotes verführen ließ, in der ersten Sünde sich der Gewalt des Teufels freiwillig übergeben und mußte nun aus Unvermögen, die verlorene Freiheit durch einen Sieg über den Satan wiederzuerlangen, auch gegen seinen (des Menschen) Willen ein Gefangener desselben bleiben von Adam bis auf Christus. Christus befreite den Menschen aus dieser Gefangenschaft durch das Lösegeld seines Blutes, welches er als der menschgewordene Sohn Gottes im vollkommenen Gehorsam gegen den Vater bis zum Tod am Kreuz zahlte. Damit ist der Teufel abgefunden und sein ferneres Recht auf die Menschheit, soweit sie mit Christus in Verbindung steht, vernichtet. Wie es dazu gekommen ist, erklärt sich durch einen Vertrag des Teufels mit Gott, nach welchem jener seinen Rechtsanspruch an die übrige Menschheit aufzugeben bereit war, wenn ihm statt aller der eine (sündlose) Mensch Jesus zur Kreuzigung überlassen würde. Hierbei aber betrog sich der Teufel selbst. Die Falle, welche er dem Gerechten zu stellen glaubte, diente zu seinem eigenen Schaden. Während er nämlich in dem Wahn stand, daß ihm Jesus der Mensch ebenso sicher wie die anderen seines Geschlechtes zur Beute werden müßte, übersah er die unter der Knechtsgestalt des menschlichen Fleisches verborgene Gottheit des Erlösers, vermöge deren sein Untergang entschieden ward. So ließ er sich überlisten und verlor mit der angemaßten Macht über Chris-

Aber auch jenem folgenden Stützpunkt, an dem sich unsere Rede gewöhnlich hält, vermag ich keine sonderliche Kraft abzugewinnen. Gott habe, so sagen wir, um den Menschen zu befreien, vielmehr den Weg der Gerechtigkeit, als den der Stärke im Handel wider den Teufel ergreifen müssen, damit der Teufel, wenn er den, an welchem sich keine Ursache des Todes fand und welcher Gott war, tötete, von Rechtswegen die Gewalt, welche er über die Sünder hatte, verlor; sonst würde er jenem mit Unrecht Gewalt angetan haben, weil er den Menschen von Rechtswegen besaß; hatte er ihn doch nicht selbst gewaltsam zu sich gezogen, sondern umgekehrt, der Mensch hatte sich freiwillig ihm übergeben. Denn wenn der Teufel oder der Mensch sich selbst oder einem anderen als Gott angehörte, oder in einer anderen als in Gottes Gewalt bliebe, könnte dieses Wort vielleicht richtig sein; da aber der Teufel oder der Mensch nur Gottes ist und außer Gottes Macht keiner von beiden besteht; wie sollte Gott mit dem Seinen über das Seine an dem Seinen anders rechten, als daß er seinen Knecht strafte, der seinen Mitknecht überredet hatte, den ge-

---

tus, dessen unschuldiges Leiden und Sterben über das Reich der Finsternis, Tod und Hölle, kraft der allmächtigen Gottheit, siegte, zugleich das frühere Recht über die (jetzt erlöste) Menschheit. – Ob nicht dieselbe theologische Anschauung den Worten Luthers in seinem Lied: *Nun freut euch lieben Christen, g'mein*, V. 6: „Gar heimlich führt er sein Gewalt, er ging in einer armen Gestalt, den Teufel wollt er fangen", zugrunde liegt?

meinschaftlichen Herrn zu verlassen und zu ihm überzu-
gehen, und als ein Verräter den Überläufer, als ein Dieb
den Dieb mit dem gestohlenen Gut seines Herrn aufgenommen hatte? Denn beide waren Diebe, da der eine auf
des anderen Zureden sich selbst seinem Herrn stahl. Was
hätte doch Gerechteres geschehen können, wenn Gott
dies getan hätte? Oder wenn der Richter aller, Gott, den
so besessenen Menschen aus der Botmäßigkeit eines so
unrechtmäßigen Besitzers, entweder um ihn anders als
durch den Teufel zu strafen oder um seiner zu schonen,
gerissen hätte, was für eine Ungerechtigkeit wäre dies?
Wiewohl nämlich der Mensch mit Recht vom Teufel
geplagt wurde, so plagte ihn doch dieser selbst mit
Unrecht. Denn der Mensch hatte verdient, daß er gestraft
wurde, und zwar von keinem passender, als von dem,
welchem er im Sündigen Beifall gegeben hatte. Dem
Teufel aber kam kein Recht zu, ihn zu bestrafen; ja er tat
dies mit um so größerem Unrecht, je mehr er dazu nicht
durch Gerechtigkeitsliebe gezogen, sondern durch Einge-
ben der Bosheit angetrieben ward. Denn das tat er nicht
auf Gottes Befehl, sondern mit Zulassung seiner unbe-
greiflichen Weisheit, kraft deren er auch die Übel gut
ordnet. Und ich glaube, daß diejenigen, die dem Teufel im
Besitz des Menschen ein Recht einräumen, zu dieser
Ansicht deshalb gekommen sind, weil sie den Menschen
der Peinigung des Teufels mit Recht unterworfen und
Gott aus gerechten Absichten dies zulassen sehen; daher
erblicken sie in dem Teufel den rechtmäßigen Vollstrek-
ker der Strafe. Bisweilen läßt sich ein und dasselbe, von

verschiedenen Gesichtspunkten betrachtet, teilweise als gerecht, teilweise als ungerecht ansehen und darum wird von den unaufmerksamen Beobachtern das Ganze für gerecht oder ungerecht erklärt. Denn es kommt vor, daß jemand einen Unschuldigen ungerecht schlägt, wofür er selbst gerecht geschlagen zu werden verdient; wenn jedoch der Geschlagene sich nicht rächen darf und den, der ihn schlägt, wieder schlägt, so handelt er unrecht.[9] Dieses Schlagen also ist von seiten des Wiederschlagenden ungerecht, weil er sich nicht rächen durfte; von seiten des Geschlagenen aber gerecht, weil der ungerecht Schlagende von Rechtswegen geschlagen zu werden verdiente. Demnach ist in verschiedenem Betracht dieselbe Handlung gerecht und ungerecht, weil sie möglicherweise von dem einen nur gerecht, von dem anderen ungerecht gefunden werden kann. Ebenso sagt man nun von dem Teufel, daß er mit Recht den Menschen peinigt, weil Gott es aus gerechten Absichten zuläßt und der Mensch es mit Recht leidet. Aber auch diese Äußerung von dem gerechten Leiden des Menschen ist nicht so gemeint, als ob der Mensch nach seiner eigenen Gerechtigkeit gerecht litte, sondern will sagen, daß er durch das gerechte Gericht Gottes gestraft wird. Und wenn man sich auf jene Handschrift der Satzung beruft, von der der Apostel sagt, sie sei

---

[9] *Percussio* findet sowohl auf seiten des Handelnden als des Leidenden (*et agentis et patientis*) statt; daher kann es ein Tun und ein Leiden (*et actio et passio*) bedeuten, ein Schlagen und ein Geschlagenwerden. Vgl. *Dial. de Veritate* c. 8.

wider uns gewesen und durch den Tod Christi ausgetilgt worden[10]; und es glaubt jemand, damit werde zu verstehen gegeben, daß der Teufel gleichsam unter der Handschrift eines Vertrages von dem Menschen rechtskräftig vor dem Leiden Christi die Sünde als den Zins von der ersten Sünde, zu welcher er ihn überredete und als die Strafe für die Sünde eintrieb, damit er dadurch sein Recht über den Menschen zu beweisen schiene, so halte ich diese Auffassung für ganz unbegründet. Jene Handschrift nämlich kann nicht vom Teufel herrühren, weil sie die Handschrift der Satzung genannt wird, jene Satzung aber nicht den Teufel, sondern Gott zum Urheber hat. Denn durch das gerechte Gericht Gottes war es gesetzt und wie durch eine Handschrift bestätigt, daß der Mensch, der freiwillig gesündigt hatte, weder die Sünde noch die Strafe der Sünde selbständig meiden konnte; denn er ist ein Wind, der dahinfährt und nicht wiederkommt[11], und wer Sünde tut, ist der Sünde Knecht[12]; so darf auch der, welcher sündigt, nicht ungestraft entlassen werden, außer wenn das Erbarmen des Sünders schont und ihn befreit und zurückführt. Deswegen müssen wir glauben, daß mit dieser Handschrift kein Rechtsanspruch des Teufels auf Peinigung des Menschen aufgezeigt werden kann. Wie endlich in einem guten Engel gar nichts von Ungerechtigkeit ist, so ist in einem bösen ganz und gar keine

---

[10] Kol. 2, 14.
[11] Ps. 78, 39.
[12] Joh. 8, 34.

Gerechtigkeit. Daher fand sich am Teufel nichts, weshalb Gott gegen ihn zur Befreiung des Menschen seine Stärke nicht hätte anwenden dürfen.

8. Kapitel.

Wie unangemessen es den Ungläubigen scheint, daß die niedrigen Prädikate, die wir von Christus gebrauchen, obgleich sich dieselben nicht auf seine Gottheit beziehen, doch nach seiner Menschheit über ihn ausgesagt werden und weshalb sie sich nicht in den Gedanken finden wollen, daß er als Mensch freiwillig gestorben ist.

Anselm: Es muß uns der Wille Gottes, wenn er etwas tut, Vernunft genug sein, obgleich wir nicht einsehen, warum er so will; denn der Wille Gottes ist niemals unvernünftig.

Boso: Das ist wahr, sobald feststeht, daß Gott das will, worum es sich handelt; indes stellen sich gewiß nicht viele damit zufrieden, daß Gott etwas will, wenn es der Vernunft zu widersprechen scheint.

Anselm: Was scheint dir der Vernunft zu widersprechen, wenn wir bekennen, Gott habe das gewollt, was wir von seiner Menschwerdung glauben?

Boso: Ich will es kurz sagen: daß der Höchste zu so niedrigen Dingen sich herabneigt, daß der Allmächtige etwas mit so großer Mühe tut.

Anselm: Die das sagen, verstehen nicht, was wir glauben. Denn von der göttlichen Natur behaupten wir, ohne zu zweifeln, daß sie leidensunfähig sei, daß sie weder irgendwie von ihrer Höhe erniedrigt werden, noch in dem, was sie tun will, Mühe und Anstrengung haben könne. Aber den Herrn Jesus Christus nennen wir wahren Gott und wahren Menschen, eine Person in zwei Naturen und zwei Naturen in einer Person. Wenn wir deshalb sagen, daß Gott eine Erniedrigung oder Schwäche leidet, so verstehen wir das nicht nach der Erhabenheit der leidensunfähigen Natur, sondern nach der Schwachheit des menschlichen Wesens, das er trug; und so erkennt man, daß unserem Glauben kein vernünftiger Grund im Wege steht. Damit bezeichnen wir nämlich keine Erniedrigung des göttlichen Wesens, sondern beweisen die persönliche Einheit Gottes und des Menschen. Nach unseren Begriffen also ist durch die Fleischwerdung Gottes nicht eine Erniedrigung desselben erfolgt, sondern die menschliche Natur ist, wie unser Glaube sagt, dadurch erhöht worden.

Boso: So mag es sein: nichts soll auf Rechnung der göttlichen Natur kommen, was nach der Schwachheit des Menschen von Christus gesagt wird; aber wie kann man es als gerecht oder vernünftig erweisen, daß Gott den Menschen, welchen er als der Vater seinen lieben Sohn, an welchem er Wohlgefallen hat, genannt und zu welchem der Sohn sich selbst gemacht hat, so behandelte oder behandeln ließ? Was ist das für eine Gerechtigkeit, den allergerechtesten Menschen dem Tode zu übergeben an Stelle des Sünders? Welcher Mensch würde, wenn er einen Unschuldigen verurteilte, um einen Schuldigen zu befreien, nicht selbst als dem Urteil verfallen erachtet werden? Die Sache scheint auf dieselbe Unangemessenheit hinauszulaufen, die oben erwähnt wurde. Denn wenn er die Sünder nicht anders retten konnte, als dadurch, daß er einen Gerechten verdammte, wo ist seine Allmacht? Wenn er aber konnte, jedoch nicht wollte, wie werden wir seine Weisheit und Gerechtigkeit wahren?

Anselm: Gott der Vater hat nicht, wie du zu denken scheinst, an jenen Menschen Hand angelegt oder den Unschuldigen für den Schuldigen dem Tode übergeben. Denn er hat ihn nicht wider seinen Willen zum Tode gezwungen oder töten lassen, sondern derselbe hat aus freiem Willen den Tod auf sich genommen, um die Menschen zu retten.

Boso: Wenn auch nicht wider seinen Willen, da er ja mit dem Willen des Vaters übereinstimmte, so scheint er ihn doch gewissermaßen gezwungen zu haben durch seinen Befehl. Denn es heißt: „Christus erniedrigte sich selbst und ward gehorsam dem Vater bis zum Tode, ja zum Tode am Kreuz. Darum hat ihn auch Gott erhöht"[13]; ferner: „an dem, das er litt, hat er Gehorsam gelernt"[14]; ferner: „der Vater hat seines eigenen Sohnes nicht verschont, sondern hat ihn für uns alle dahingegeben."[15] Und der Sohn selbst sagt: „Ich bin nicht gekommen, meinen Willen zu tun, sondern den Willen

---

[13] Phil. 2, 8. 9.
[14] Hebr. 5, 8.
[15] Röm. 8, 32.

des, der mich gesandt hat."[16] Und wie er im Begriff steht, in das Leiden zu gehen, spricht er: „Wie mir der Vater geboten hat, also tue ich"[17]; desgleichen: „Soll ich den Kelch nicht trinken, den mir mein Vater gegeben hat?"[18]; anderwärts: „Mein Vater, ist es möglich, so gehe dieser Kelch von mir: doch nicht, wie ich will, sondern wie du willst."[19] Und wiederum: „Vater, ist es unmöglich, daß dieser Kelch vorübergehe, ohne daß ich ihn trinke, so geschehe dein Wille."[20] In allen diesen Fällen scheint Christus mehr aus zwingendem Gehorsam, als aus freiwilliger Selbstentscheidung den Tod erlitten zu haben.

9. Kapitel.

Daß er freiwillig gestorben ist, und was die Stellen zu bedeuten haben: „er ward gehorsam bis zum Tode" – „darum hat ihn Gott erhöht" – „ich bin nicht gekommen, meinen Willen zu tun" – „er hat seines eigenen Sohnes nicht verschont" – „nicht wie ich will, sondern wie du willst."

Anselm: Wie es mir scheint, machst du keinen rechten Unterschied zwischen dem, was er getan hat auf Forderung des Gehorsams, und dem, was er, als es ihm getan

---

[16] Joh. 6, 38.
[17] Joh. 14, 31.
[18] Joh. 18, 11.
[19] Matth. 26, 39.
[20] Matth. 26, 42.

wurde, weil er den Gehorsam bewahrte, ertrug, ohne daß es der Gehorsam forderte.[21]

Boso: Ich halte es für nötig, daß du dich darüber deutlicher erklärst.

Anselm: Warum haben ihn die Juden bis zum Tode verfolgt?

Boso: Aus keiner anderen Ursache, als daß er die Wahrheit und Gerechtigkeit im Leben und in der Rede unwandelbar festhielt.

Anselm: Ich glaube, daß Gott dies von jeder vernünftigen Kreatur fordert und diese es Gott aus Gehorsam schuldig ist.

Boso: Das müssen wir zugeben.

Anselm: Diesen Gehorsam also schuldete jener Mensch Gott dem Vater und die Menschheit der Gottheit, und diesen forderte der Vater von ihm.

Boso: Das ist keinem zweifelhaft.

Anselm: Da hast du, was er auf Forderung des Gehorsams getan hat.

Boso: Es ist wahr; und bereits sehe ich, was er als ein über ihn Verhängtes ertragen hat, weil er im Gehorsam standhaft blieb. Denn es wurde der Tod über ihn verhängt, weil er im Gehorsam blieb, und den hat er er-

---

[21] Zweierlei muß man wohl unterscheiden: Das, was Christus in unmittelbarer Erfüllung des Gehorsams, welchen er als Mensch schuldete, tat (*servare veritatem et justitiam*, das Einstehen für die Wahrheit und Gerechtigkeit), und das, was er infolge dieses Gehorsams, aber ohne daß es direkte Forderung desselben war, litt (die Verfolgung bis zum Tode).

tragen; aber wie das der Gehorsam nicht fordern sollte, ist mir unbegreiflich.

Anselm: Hätte der Mensch, wenn er niemals gesündigt hätte, den Tod leiden müssen oder hätte Gott dieses Leiden von ihm fordern müssen?

Boso: Wie wir glauben, würde der Mensch weder gestorben sein, noch dies von ihm gefordert worden sein; aber dafür will ich von dir den Grund hören.

Anselm: Daß die vernünftige Kreatur gerecht geschaffen sei und zwar zu dem Zweck, durch die Freude an Gott selig zu sein, leugnest du nicht?

Boso: Nein.

Anselm: Du wirst es aber keineswegs für Gottes würdig erachten, daß er sie, die er gerecht zur Seligkeit geschaffen hat, zwingt, ohne Schuld elend zu sein; denn daß der Mensch wider Willen stirbt ist ein Elend.

Boso: Es leuchtet ein, daß, wenn der Mensch nicht gesündigt hätte, Gott den Tod von ihm nicht hätte fordern dürfen.

Anselm: Also hat Gott Christus, in welchem keine Sünde war, nicht zum Sterben gezwungen; sondern er selbst hat freiwillig den Tod erlitten, nicht aus dem Gehorsam, das Leben zu lassen, sondern aus dem Gehorsam, die Gerechtigkeit zu behalten, in welcher er so tapfer beharrte, daß er ihretwegen in den Tod ging. Man kann auch sagen, daß ihm der Vater das Sterben zur Vorschrift machte, da er ihm das zur Vorschrift machte, um dessen willen er in den Tod ging. Daher hat er so getan, wie ihm der Vater geboten hat, und den Kelch, den er ihm gab, getrunken, und ist dem Vater gehorsam geworden bis zum Tode und hat so an dem, das er litt, Gehorsam gelernt, d. h. wie weit der Gehorsam gehalten werden müßte. Das Wort aber, welches im Text steht: „er hat gelernt", kann auf zweifache Weise verstanden werden. Denn entweder hat der Ausdruck „gelernt" den Sinn: er machte, daß andere lernten oder „er hat das, was er vermöge seines Wissens recht wohl kannte, durch Erfahrung gelernt." Daß aber der Apostel den Worten: „er erniedrigte sich selbst und ward gehorsam bis zum Tode, ja zum Tode am Kreuz", diese beigegeben hat: „darum hat ihn auch Gott erhöht und ihm einen Namen gegeben, der über alle Namen ist"[22], welchen der Ausspruch Davids ähnlich ist: „Er wird vom Bach auf dem Wege trinken; darum wird er das Haupt emporheben"[23], ist nicht in der Meinung gesagt, als ob er zu dieser Erhöhung nur durch jenen Todesgehorsam hätte gelangen können und als ob ihm dieselbe nur zur Belohnung dieses seines Gehorsams übertragen wäre – denn bevor er noch litt, sagte er selbst, daß ihm alles vom Vater übergeben[24] und daß alles, was der Vater hat, sein sei[25] – sondern weil er selbst mit dem Vater und dem Heiligen Geist vorherbestimmt hatte, er wolle nicht anders als durch den Tod die Erhabenheit seiner Allmacht der Welt zeigen; was nämlich der Vorherbestimmung gemäß nur

---

[22] Phil. 2, 9.
[23] Ps. 110, 7.
[24] Luk. 10, 22.
[25] Joh. 16, 15.

(43)

durch jenen Tod geschehen sollte, davon wird, wenn es durch ihn geschieht, nicht unangemessen gesagt, daß es um desselben willen geschieht. Denn wenn wir etwas zu tun beabsichtigen, nehmen uns aber vor, etwas anderes vorher zu tun, wodurch jenes geschehen kann; so sagt man, wenn das Beabsichtigte geschieht, nachdem bereits das geschehen ist, was nach unserem Willen vorhergehen sollte, mit Recht: es geschieht deswegen, weil das geschehen ist, um dessen willen es aufgeschoben wurde; es war ja vorherbestimmt, daß es nur dadurch geschehen sollte. Denn wenn ich mir vornehme, über einen Fluß, über den ich zu Pferde oder zu Schiffe kommen kann, nur zu Schiffe überzusetzen, und deshalb die Überfahrt aufschiebe, weil ein Schiff fehlt, mit dem Vorhandensein des Schiffes aber alsbald meine Überfahrt erfolgt, so sagt man mit Recht von mir: Das Schiff stand bereit, deshalb ist er übergefahren. Und so sprechen wir nicht allein, wenn wir durch das, was, wie wir wünschen, vorhergehen soll, sondern auch bloß nach ihm etwas anderes zu tun beschließen. Wenn nämlich jemand Speise zu sich zu nehmen deshalb aufschiebt, weil er an dem und dem Tag der Feier der Messe noch nicht beigewohnt hat, so sagt man, nachdem er vollbracht hat, was er vorher tun wollte, nicht unpassend zu ihm: Jetzt nimm Speise, deswegen weil du bereits das getan hast, um dessen willen du die Speisung aufschobst. Viel weniger ungebräuchlich ist daher die Redeweise, danach Christus deshalb erhöht sein soll, weil er den Tod gelitten hat, durch welchen und nach welchem er jene Erhöhung zu bewirken beschloß. Man kann sich die Sache auf dieselbe Weise denken, wie das, was man von dem Herrn liest: „er nahm zu an Weisheit und Gnade bei Gott"[26], nicht weil es so war, sondern weil er sich so hielt, als wenn es so wäre. Denn dergestalt ist er nach dem Tode erhöht worden, als ob es um desselben willen geschähe. Mit seinem eigenen Ausspruch aber: „Ich bin nicht gekommen meinen Willen zu tun, sondern den Willen des, der mich gesandt hat", verhält es sich ähnlich wie mit jenem: „Meine Lehre ist nicht mein"; denn was einer nicht von sich selbst, sondern von Gott hat, das darf er nicht sowohl sein als Gottes Eigentum nennen. Kein Mensch aber hat von sich selbst die Wahrheit, welche er lehrt, oder den gerechten Willen, sondern von Gott. Christus ist also gekommen nicht seinen, sondern des Vaters Willen zu tun; weil der gerechte Wille, den er hatte, nicht aus der Menschheit, sondern aus der Gottheit stammte. „Gott aber hat seines eigenen Sohnes nicht verschont, sondern hat ihn für uns alle dahingegeben"[27] ist nichts anderes als: er hat ihn nicht freigemacht. Denn in der Heiligen Schrift findet sich vieles Gleichlautende. An der Stelle, wo er sagt: „Vater, wenn es möglich ist, so gehe dieser Kelch von mir vorüber; aber nicht wie ich will, sondern wie du willst"[28], und: „wenn dieser Kelch nicht vorübergehen kann, es sei denn, daß ich ihn trinke, so geschehe dein Wille"[29]:

---

[26] Luk. 2, 52.
[27] Röm. 8, 32.
[28] Matth. 26, 39.
[29] Matth. 26, 42.

versteht er unter seinem Willen das natürliche Verlangen nach Wohlsein[30], womit das menschliche Fleisch dem Todesschmerz floh. Vom Willen des Vaters aber redet er, nicht weil der Vater lieber den Tod des Sohnes als sein Leben gewollt hat; sondern weil der Vater die Erlösung des menschlichen Geschlechtes nicht vollbracht wissen wollte, ohne daß ein Mensch etwas so Großes tat, wie jener Tod war. Weil die Vernunft nicht forderte, was ein anderer nicht tun konnte, deshalb sagt der Sohn, daß der Vater seinen Tod wolle; und er selbst wollte ihn ja lieber leiden, als daß das menschliche Geschlecht nicht gerettet würde: als wenn er spräche: Weil du die Versöhnung der Welt nicht anders vollführt haben willst, sage ich, daß du auf diese Weise meinen Tod willst; es geschehe also dein Wille, d. h. es geschehe mein Tod, damit die Welt mit dir versöhnt werde. Denn oft sagen wir, daß jemand etwas will, weil er nichts anderes will, wodurch, wenn er es wollte, das Geschehen dessen verhindert würde, was er nach der obigen Aussage will; so sagen wir z. B., daß derjenige die Lampe auslöschen wolle, der das Fenster nicht schließen will, durch welches der Wind eindringt, der die Lampe auslöscht. So wollte also der Vater den Tod des Sohnes, weil er nur unter der Bedingung die Welt retten wollte, daß ein Mensch etwas so Großes täte, wie ich eben gesagt habe. Was dem Sohn, der das Heil der Menschen wollte, wegen der Unfähigkeit jedes anderen zur Ausrich-

---

[30] Das natürliche Begehren nach Wohlsein, d. h. den natürlichen Selbsterhaltungstrieb.

tung dieses Heilswerkes, soviel bedeutete, als wenn ihm der Vater zu sterben befohlen hätte; daher hat er so getan, wie ihm der Vater geboten hat und den Kelch, den ihm der Vater gegeben hat, bis zum Tode gehorsam getrunken.

10. Kapitel.

Wie man die vorerwähnten Stellen
noch auf andere Weise richtig verstehen kann.

Auch kann die Auffassung für richtig gelten, daß der Vater wegen jenes heiligen Liebeswillens, mit welchem der Sohn für das Heil der Welt sterben wollte, ihm das Gebot (nicht jedoch zwangsweise) und den Kelch des Leidens gegeben und seiner nicht geschont, sondern ihn für uns alle dahingegeben und seinen Tod gewollt hat; und daß der Sohn selbst gehorsam gewesen ist bis zum Tode und an dem, das er litt, Gehorsam gelernt hat. Denn wie er nach der Menschheit den Willen, gerecht zu leben, nicht von sich selbst, sondern vom Vater hatte, so konnte er auch jenen Willen, mit dem er, um ein so großes Gut zu wirken, sterben wollte, nur vom Vater des Lichts haben, von welchem alle gute und alle vollkommene Gabe herabkommt[31]; und wie man sagt, der Vater zieht, indem er den Willen gibt, so darf man mit gleicher Wahrheit behaupten: er treibt an. Statt dessen, daß der Sohn vom

---

[31] Jak. 1, 17.

Vater sagt: „Niemand kommt zu mir, es sei denn, daß der Vater ihn gezogen hat"[32], hätte er auch sagen können: es sei denn, daß er ihn angetrieben hat. Ebenso hätte er sich auch erklären können: Niemand eilt zum Tode um meines Namens willen, wenn ihn nicht der Vater antreibt oder zieht. Denn weil jeder zu dem, was er unveränderlich will, durch den Willen gezogen oder angetrieben wird, so sagt man nicht unpassend von Gott, er ziehe oder treibe an, wenn er solchen Willen gibt; und unter diesem Zug oder Antrieb ist keine gewaltsame Nötigung, sondern ein freitätiges und aus der Liebe geborenes Festhalten des empfangenen guten Willens zu verstehen. Wenn also so nicht geleugnet werden kann, daß der Vater, indem er jenen Willen gab, den Sohn zum Tode gezogen oder ange-trieben hat; wer sollte nicht einsehen, daß er ihm auf dieselbe Art das Gebot, den Tod freiwillig zu überneh-men, und den Kelch, welchen er nicht gegen seinen Willen trank, gegeben hat? Und wenn die Aussage richtig ist, daß der Sohn seiner nicht geschont, sondern sich selbst für uns aus freiem Liebeswillen hingegeben hat, wer sollte die Aussage unrichtig nennen, daß der Vater, von dem er einen solchen Willen hatte, desselben nicht ver-schont, sondern ihn für uns hingegeben und seinen Tod gewollt hat? Auf diese Weise ist der Sohn dadurch, daß er unwandelbar und aus freiem Trieb den vom Vater em-pfangenen Willen bewahrte, ihm bis zum Tode gehorsam geworden und hat an dem, das er litt, Gehorsam gelernt,

---

[32] Joh. 6, 44.

d. h. er hat gelernt, ein wie großes Werk durch den Gehorsam ausgerichtet werden müsse. Denn der Gehorsam ist dann wahr und lauter, wenn eine vernünftige Kreatur nicht aus Zwang, sondern aus freiem Trieb den von Gott empfangenen Willen bewahrt. Wir können den Satz: „Der Vater hat den Tod des Sohnes gewollt" noch in anderen Beziehungen richtig verstehen, wiewohl die aufgezeigten genügen können. Denn wie wir dem ein Wollen beilegen, welcher bewirkt, daß ein anderer will; so legen wir auch dem ein Wollen bei, welcher nicht bewirkt, daß ein anderer will, sondern dem Wollen des letzteren seinen Beifall gibt. Wenn wir beispielsweise bemerken, daß einer eine Beschwerde standhaft ertragen will, um das Gute, worauf sein Wille gerichtet ist, durchzusetzen, so wollen oder lieben wir, trotz unseres ausgesprochenen Willens, daß er sich jener Strafe unterziehen möge, nicht seine Strafe, sondern seinen Willen. Auch von dem, der hindern kann und hindert nicht, pflegen wir zu sagen: er will das, was er nicht hindert. Weil also dem Vater der Wille des Sohnes gefiel und er ihn nicht hinderte, zu wollen oder zu erfüllen, was er wollte; so bejaht man mit Grund, er habe gewollt, daß der Sohn den Tod aus solcher Liebe und zu solchem gesegneten Zweck ertrüge, obgleich er die Strafe desselben nicht liebte. Daß aber der Kelch nicht habe vorübergehen können, ohne daß er ihn tränke, hat er nicht deshalb gesagt, weil er den Tod nicht hätte vermeiden können, wenn er gewollt hätte, sondern weil, wie oben bemerkt ward, die Welt unmöglich anders zu retten war und er selbst mit unerschütterlichem Entschluß lieber den Tod leiden, als die Welt in ihrem Verderben stecken lassen wollte. Deswegen hat er ja jene Worte gesprochen, um zu zeigen, daß das menschliche Geschlecht nicht anders als durch seinen Tod habe gerettet werden können; nicht um zu zeigen, daß er dem Tode in keiner Weise habe entrinnen können. Was auch immer für Aussprüche, die den angeführten ähnlich sind, über ihn vorkommen, sie sind so auszulegen, daß nicht die Notwendigkeit, sondern der freie Wille als der Beweggrund seines Sterbens dem Glauben feststeht. Denn er war allmächtig und man liest über ihn: „Er ist geopfert worden, weil er es wollte."[33] Er selbst sagt: „Ich lasse mein Leben, auf daß ich es wiedernehme. Niemand nimmt es von mir, sondern ich lasse es von mir selber. Ich habe Macht, mein Leben zu lassen und es wieder zu nehmen."[34] Was er also selbst nach seiner Macht und aus eigenem Willen tut, dazu kann er nach keines Menschen Urteil, wenn es richtig sein soll, gezwungen worden sein.

Boso: Das allein, daß ihn Gott so behandeln läßt, obschon er es will, scheint für einen solchen Vater rücksichtlich eines solchen Sohnes unziemend zu sein.

Anselm: Im Gegenteil, es ziemt sich im höchsten Grade für einen solchen Vater, einem solchen Sohn beizustimmen, wenn er etwas Löbliches zur Ehre Gottes und etwas Nützliches zum Heil der Menschen will, das auf andere Weise nicht verwirklicht werden konnte.

---

[33] Jes. 53, 7. n. d. Vulgata.
[34] Joh. 10, 17. 18.

Boso: Wir verweilen noch dabei, wie jener Tod als vernunftgemäß und notwendig erwiesen werden kann. Denn anders durfte, wie es scheint, weder der Sohn selbst ihn wollen, noch der Vater ihn erzwingen oder zulassen. Es fragt sich nun, warum Gott den Menschen nicht anders hat retten können, oder wenn er es konnte, warum er es so gewollt hat. Denn einerseits scheint es Gottes unwürdig zu sein, den Menschen auf diese Art gerettet zu haben; andererseits bleibt unerklärlich, was jener Tod zur Rettung des Menschen vermögen soll. Es wäre wunderbar, wenn Gott ein solches Gefallen an dem Blut eines Unschuldigen oder ein solches Bedürfnis nach ihm hätte, daß er nur, nachdem jener getötet, den Schuldigen verschonen wollte oder könnte.

Anselm: Weil du bei dieser Untersuchung die Rolle derer übernimmst, welche nichts glauben wollen ohne vorher aufgezeigte Vernunftgründe, so will ich mit dir ausmachen, daß auch nicht die allergeringste Abweichung von der Idee seines Wesens in Gott von uns angenommen und auch nicht der allergeringste Vernunftgrund, im Fall daß ein höherer ihm nicht widerspricht, verworfen wird. Denn wie bei Gott jeder noch so geringen Abweichung von der göttlichen Idee die Unmöglichkeit folgt; so begleitet jeden noch so geringen Vernunftgrund, wenn er nicht durch einen höheren besiegt wird, die Notwendigkeit.

Boso: Nichts nehme ich in dieser Sache lieber an, als daß dieser Vertrag zwischen uns beiderseits gehalten wird.

Anselm: Es handelt sich nur um die Fleischwerdung Gottes und um den Glauben an die hierdurch bewirkte Annahme des Menschen.

Boso: So ist es.

Anselm: Wir wollen also setzen, die Fleischwerdung Gottes und was wir von ihm als dem Menschgewordenen glauben, habe niemals stattgehabt; dagegen soll unter uns feststehen, daß der Mensch zu der Seligkeit, welche in diesem Leben nicht erlangt werden kann, geschaffen ist, daß aber ein Mensch weder zu jener ohne die Vergebung der Sünden gelangen, noch durch dieses Leben ohne die Sünde hindurchgehen kann, und das andere, was der Heilsglaube notwendig zu seinem Inhalt haben muß.

Boso: So mag's geschehen: denn darin scheint nichts der Gottheit Unwürdiges oder Unmögliches zu liegen.

Anselm: Die Vergebung der Sünden ist also für den Menschen notwendig, um zur Seligkeit zu gelangen.

Boso: Davon sind wir alle überzeugt.

11. Kapitel.

Was heißt Sündigen und für die Sünde genugtun?

Anselm: Wir müssen nun fragen, auf welche Weise Gott den Menschen die Sünden vergibt; und damit wir dies mit größerer Anschaulichkeit tun, müssen wir zuvor nachsehen, was Sündigen und für die Sünde Genugtuung leisten bedeutet.

Boso: Deine Sache ist es zu zeigen und meine auf-zupassen.

Anselm: Wenn ein Engel und ein Mensch Gott allezeit gäbe, was er ihm schuldig ist, so würde er niemals sündigen.

Boso: Ich kann nicht widersprechen.

Anselm: Sündigen heißt also nichts anderes, als Gott die Schuld nicht abtragen.

Boso: Was ist die Schuld, welche wir Gott schulden?

Anselm: Der ganze Wille der vernünftigen Kreatur muß dem Willen Gottes unterworfen sein.

Boso: Nichts ist wahrer.

Anselm: Das ist die Schuld, die Mensch und Engel an Gott abzutragen hat, daß keiner, wenn er zahlt, sündigt, und jeder, der nicht zahlt, sündigt. Hierin besteht die Gerechtigkeit oder Rechtschaffenheit des Willens, welche gerecht macht oder dem Herzen, d. h. dem Willen, eine Richtung zum Guten verleiht; das ist die alleinige und ganze Ehre, die wir Gott schuldig sind und welche Gott von uns fordert. Denn ein solcher Wille allein tut Gott wohlgefällige Werke, wenn er sie wirken kann; und wenn er es nicht kann, gefällt er schon allein durch sich selbst, weil kein Werk ohne ihn gefällt. Wer diese schuldige Ehre Gott nicht gibt, nimmt Gotte das Seinige und entehrt Gott, und das heißt Sündigen. So lange er aber nicht zahlt, was er geraubt hat, bleibt er in Schuld; und es reicht nicht hin, bloß das zu erstatten, was weggenommen ist, sondern er muß für den Schimpf, den er Gott angetan hat, mehr erstatten, als er weggenommen hat. Denn wie derjenige, welcher die Gesundheit des anderen beschädigt, damit nicht auskommt, daß er ihm die Gesundheit wiedergibt, sondern für den ihm unrechtmäßig zugefügten Schmerz noch obendrein eine Entschädigung zu gewähren verbunden ist; so kommt der, welcher die Ehre jemandes verletzt, nicht damit aus, daß er ihm die Ehre zurückgibt; er muß auch gemäß dem Verdruß, der dem Entehrten aus der Entehrung erwuchs, diesem einen von ihm für gut befundenen Ersatz geben. Ferner ist zu beachten, daß, wenn jemand bezahlt, was er unrechtmäßig weggenommen hat, er das zu geben schuldig ist, was von ihm nicht gefordert werden könnte, wenn er nicht fremdes Gut geraubt hätte. So ist also jeder, der sündigt, schuldig, die Ehre, welche er Gott geraubt hat, zu bezahlen; und darin besteht die Genugtuung, welche jeder Sünder Gott leisten muß.

Boso: In allen diesen Punkten kann ich nach der einmal von uns als vernünftig anerkannten Voraussetzung, wiewohl du mich ein wenig in Schrecken setzt, dir nichts erwidern.

12. Kapitel.

Ob Gott aus bloßem Erbarmen
ohne alle Bezahlung die Sünden erlassen darf.

Anselm: Wir wollen zurückkehren und zusehen, ob Gott aus bloßem Erbarmen, ohne alle Bezahlung der ihm entrissenen Ehre, die Sünden erlassen darf.

Boso: Ich sehe nicht ein, warum er nicht darf.

Anselm: Die Sünde so erlassen heißt nichts anderes, als sie nicht strafen; und weil der Sünde ohne Genugtuung in der göttlichen Weltordnung ihre richtige Stelle anzuweisen eben das Wesen der Strafe ist, so wird die Sünde, wenn sie ungestraft bleibt, nicht zur Ordnung gewiesen.

Boso: Deine Aussage ist vernünftig.

Anselm: Für Gott aber ziemt es sich nicht, in seinem Reich etwas Ungeordnetes zu lassen.

Boso: Wenn ich etwas anderes sagen will, fürchte ich zu sündigen.

Anselm: Daher ziemt es sich nicht für Gott, die Sünde so ungestraft zu erlassen.

Boso: So folgt.

Anselm: Auch etwas anderes folgt, wenn die Sünde so, ohne Strafe, erlassen wird, daß nämlich vor Gott der Sünder und Sündlose eine gleichmäßige Behandlung erfahren; was sich für Gott nicht schicken will.

Boso: Ich kann es nicht leugnen.

Anselm: Beachte auch diesen Punkt. Jeder weiß, daß die Gerechtigkeit der Menschen unter dem Gesetz steht, so daß nach ihrer Größe das Maß der Vergeltung von Gott abgewogen wird.

Boso: So glauben wir.

Anselm: Wenn aber die Sünde weder bezahlt noch gestraft wird, unterliegt sie keinem Gesetz.

Boso: Anders kann ich es mir nicht vorstellen.

Anselm: Die Ungerechtigkeit ist also, wenn sie aus bloßem Erbarmen erlassen wird, freier als die Gerechtigkeit;

was sehr ungebührlich erscheint. Diese Ungebührlichkeit erstreckt sich sogar so weit, daß sie die Ungerechtigkeit Gott ähnlich macht; weil, wie Gott dem Gesetz keines anderen Wesens unterworfen ist, so auch die Ungerechtigkeit.

Boso: Dein Grund ist für mich unwidersprechlich. Aber wenn Gott uns gebietet, denen, die sich an uns versündigen, in jedem Fall zu vergeben, so scheint es widersprechend, daß er uns das gebietet, was ihm selbst zu tun nicht ansteht.

Anselm: Darin liegt kein Widerspruch; weil Gott dies Gebot uns deshalb gibt, damit wir uns nicht anmaßen, was Gott allein zukommt. Denn es steht keinem zu, Rache zu nehmen, außer dem, der der Herr aller ist; wenn irdische Mächte das richtig tun, tut es Gott selbst, von welchem sie zu diesem Zweck verordnet sind.

Boso: Du hast den Widerspruch weggeräumt, den ich darin enthalten glaubte; aber es ist etwas anderes, worauf ich deine Antwort haben will. Denn da Gott so frei ist, daß er keinem Gesetz, niemandes Gericht unterliegt, und dazu so gütig, daß nichts Gütigeres gedacht werden kann und nur alles, was er will, recht oder ziemend ist; so scheint es wunderbar, wenn wir sagen, daß der seine ihm zugefügte Beleidigung durchaus nicht erlassen will oder darf, bei dem wir für die Beleidigungen, die wir anderen zufügen, um Gnade zu bitten pflegen.

Anselm: Was du von der Freiheit, dem Willen und der Güte Gottes sagst, ist wahr; aber wir müssen diese Bestimmungen vernünftigerweise so verstehen, daß wir

nicht in Widerspruch mit seiner Würde zu treten scheinen. Die Freiheit bezieht sich nur auf das Heilsame und
Anständige; und Güte darf man nicht das nennen, woraus
eine für Gott ungeziemende Wirkung hervorgeht. Der
Ausdruck aber: Was er will ist recht, und was er nicht will
ist unrecht, ist nicht so zu verstehen, daß wenn Gott
irgend etwas Schlechtes wollte, es recht wäre, weil er es
will; denn es folgt nicht, daß, wenn Gott lügen wollte, es
recht wäre zu lügen, sondern vielmehr daß ein solches
Wesen (welches lügen wollte) nicht Gott wäre. Es kann
nur ein Wille lügen wollen, in welchem die Wahrheit
verdorben, ja welcher durch Verlassung der Wahrheit
selbst verdorben ist. Sagt man also: „Wenn Gott lügen
will", so bedeutet das nichts anderes als: „Wenn Gott ein
solches Wesen ist, das lügen will", und deswegen folgt
nicht, daß die Lüge recht sei, sondern man hat es so zu
verstehen, wie wir in der Rede von zwei Unmöglichkeiten
durch die Formel: „Wenn dieses ist, so ist jenes" an-
deuten, daß weder dieses noch jenes ist. Als Beispiel diene
der Satz: „Wenn das Wasser trocken und das Feuer feucht
ist: da ist keines von beiden wahr." Daher leiden die
Worte: „Wenn Gott dies will, so ist es recht", nur auf
solche Dinge eine wahre Anwendung, die Gott wollen
kann, ohne seiner Würde etwas zu vergeben. Denn wenn
Gott will, daß es regnet, so ist es recht, daß es regnet, und
wenn Gott will, daß ein Mensch getötet wird, so ist es
recht, daß er getötet wird. Streitet es nun mit der Würde
Gottes, etwas unrechtes oder unordentliches zu tun, so
gehört es auch nicht zu seiner Freiheit oder seiner Güte

oder seinem Willen, den Sünder, der Gott nicht bezahlt, was er ihm genommen hat, ungestraft loszulassen.

Boso: Du entreißt mir alles, was ich dir einwerfen zu können glaubte.

Anselm: Siehe weiter, warum Gott dieses nicht tun darf.

Boso: Gern lausche ich auf alles, was du sagst.

13. Kapitel.

Daß es nichts Unerträglicheres gibt in der Ordnung der Dinge, als daß die Kreatur dem Schöpfer die schuldige Ehre entzieht und nicht bezahlt, was sie entzieht.

Anselm: Nichts ist unerträglicher in der Ordnung der Dinge, als daß die Kreatur dem Schöpfer die schuldige Ehre entzieht und nicht bezahlt, was sie entzieht.

Boso: Das ist das Allerklarste.

Anselm: Nichts aber wird mit größerem Unrecht ertragen, als das, was das Unerträglichste ist.

Boso: Auch dies ist nicht dunkel.

Anselm: Ich meine deshalb, du werdest dich vor der Behauptung hüten, als müßte Gott das ertragen, was mit dem größten Unrecht ertragen wird, daß die Kreatur Gott das Entzogene nicht wiedererstattet.

Boso: Das ist nicht genug, meiner Überzeugung nach muß es gründlich verneint werden.

Anselm: Ebenso gibt es, wenn Gott der Höchste und Beste ist, nichts Gerechteres, als die höchste Gerechtigkeit, die seine Ehre im Weltplan aufrechterhält und mit dem Wesen Gottes selbst identisch ist.

Boso: Auch das ist das Alleroffenbarste.

Anselm: Nichts wahrt Gott also mit größerem Recht, als die Ehre seiner Würde.

Boso: Ich muß es zugeben.

Anselm: Meinst du, daß er sie unangetastet erhält, wenn er sich dieselbe so entreißen läßt, daß sie weder bezahlt wird, noch er selbst den sie ihm Entreißenden bestraft?

Boso: Ich wage es nicht zu behaupten.

Anselm: Also ist notwendig, daß entweder die entrissene Ehre bezahlt wird oder die Strafe folgt; widrigenfalls wird Gott entweder an sich selbst nicht gerecht oder in Rücksicht auf beides ohnmächtig sein; woran nur zu denken schon ein Frevel ist.

Boso: Eine anerkanntermaßen höchst vernünftige Behauptung.

14. Kapitel.

Was für eine Ehre Gottes die Strafe des Sünders ist.

Boso: Aber ich will von dir hören, ob die Bestrafung des Sünders für ihn eine Ehre oder was für eine Ehre sie ist: wenn der Sünder nicht bezahlt, was er weggenommen hat, sondern gestraft wird, verliert Gott seine Ehre so, daß er sie nicht wiedergewinnt; was dem bisher Gesagten zu widersprechen scheint.

Anselm: Für Gott ist es unmöglich, seine Ehre zu verlieren; entweder bezahlt der Sünder freiwillig, was er schuldig ist, oder Gott erhält es von ihm wider seinen Willen. Denn entweder leistet der Mensch, sei es, daß er nicht sündigt, sei es, daß er bezahlt, was er sündigt, Gott die schuldige Unterwerfung aus freiem Willen, oder Gott unterwirft ihn sich wider seinen Willen durch das Mittel der Peinigung und zeigt sich so als seinen Herrn, dem der Mensch selbst eigenwillig die Anerkennung versagt. Dabei ist zu erwägen, daß, wie der Mensch durch das Sündigen raubt, was Gottes ist, so Gott durch das Strafen nimmt, was des Menschen ist. Es wird nämlich nicht nur das jemandes Eigentum genannt, was er bereits besitzt, sondern auch das, was zu erlangen in seiner Macht steht. Weil also der Mensch so geschaffen ist, daß er die Seligkeit erlangen konnte, wenn er nicht sündigte, so bezahlt er, wenn er wegen der Sünde der Seligkeit und jedes Gutes beraubt wird, obschon wider seinen Willen, von seinem Eigenen das, was er geraubt hat; und obgleich Gott das ihm Entzogene nicht zu seinem Nutzen und Vorteil verwendet, wie der Mensch das Geld, das er einem anderen nimmt, sich selber zunutze macht; so bedient er sich doch dessen, was er ihm entzieht, zu seiner Ehre eben damit, daß er es ihm entzieht. Denn durch diese Entziehung beweist er, daß der Sünder mit allem Zubehör und Eigentum ihm unterworfen ist.

15. Kapitel.

Ob Gott auch nur die
mäßigste Verletzung seiner Ehre duldet.

Boso: Was du sagst, hat meinen Beifall. Aber es ist noch etwas anderes, worauf ich deine Antwort verlange. Wenn Gott, so wie du beweist, seine Ehre aufrechterhalten muß, warum duldet er nur die mäßigste Verletzung derselben? Denn was man in gewissem Maß verletzen läßt, wird nicht ganz und vollständig bewahrt.

Anselm: Der Ehre Gottes[35] kann, so weit ihr Gebiet reicht, weder etwas zugefügt noch abgenommen werden. Denn die Ehre ist an sich unvergänglich und in keiner Weise wandelbar. Aber von jedweder Kreatur, die ihre eigentümliche vorgeschriebene Ordnung entweder von Natur oder aus vernünftiger Überlegung hält, sagt man, sie ist Gott gehorsam und ehrt ihn; und zumeist von dem vernunftbegabten Wesen, welchem die Erkenntnis dessen, was es soll, innewohnt. Wenn dieses Wesen will, was es soll, so ehrt es Gott; nicht weil es ihm etwas zukom-

---

[35] Anselm faßt den Begriff der Ehre Gottes von doppeltem Gesichtspunkt auf. Die Ehre Gottes, welche ihm wesentlich innewohnt, mit seinem Gott-Sein unmittelbar gesetzt ist, kann keiner Wandelbarkeit unterworfen sein. Sie ist unverletzbar wie Gott selbst. Nur die in der Schöpfung geoffenbarte Ehre Gottes, seine Ehre in den Kreaturen, können diese durch Unterwerfung ihres Willens unter oder durch Entgegensetzung desselben gegen den göttlichen Willen bei sich fördern oder verkürzen.

men läßt, sondern weil es sich freiwillig seinem Willen und Befehl fügt und im All der Dinge seinen eigentümlichen Rang und die Schönheit jenes Alls, so viel an ihm liegt, bewahrt. Wenn es aber nicht will, was es soll, so verunehrt es, so viel an ihm liegt, Gott, weil es sich nicht freiwillig seiner Anordnung unterwirft; und zerstört, so viel an ihm liegt, die Ordnung und Schönheit des Alls, obgleich es die Macht oder Würde Gottes nicht im geringsten verletzt oder trübt. Denn angenommen, das, was vom Umkreis des Himmels eingeschlossen wird, wollte nicht unter dem Himmel sein oder sich vom Himmel entfernen, so könnte es doch nirgend anderswo, als unter dem Himmel sein und den Himmel nur fliehen, indem es sich dem Himmel nähert. Denn von wo aus und wohin und wo es ginge, befände es sich unter dem Himmel; und je weiter es sich von einer Seite des Himmels entfernte, um so näher käme es der entgegengesetzten Seite. So vermag kein Mensch oder böser Engel, so sehr er dem Willen und der Weltordnung Gottes untertänig zu sein sich sträubt, ihnen zu entfliehen; wenn er unter dem befehlenden Willen wegfliehen will, gerät er unter den strafenden Willen. Und fragst du: Wo ist sein Übergang? So lautet die Antwort: Nur unter dem zulassenden Willen; und eben das, was er verkehrt will oder tut, lenkt die höchste Weisheit zur Ordnung und Schönheit des vorgenannten Alls. Denn schon die freiwillige Genugtuung für ein verkehrtes Handeln, oder die Strafforderung an den, der nicht genugtut (das ausgeschlossen, daß Gott aus vielfachen Übeln Gutes macht), behält in jenem

All seine Stelle und schöne Ordnung. Wenn diese die göttliche Weisheit da, wo die Verkehrtheit die rechte Ordnung zu zerstören strebt, nicht hinzufügte, würde in dem All selbst, das Gott ordnen muß, aus der verletzten Schönheit der Ordnung eine Häßlichkeit entstehen und Gott beginge in seiner Regierung einen Fehler. Weil beides ebenso unpassend als unmöglich ist, so ist notwendig, daß jeder Sünde die Genugtuung oder die Strafe folgt.

Boso: Du hast meinem Einwurf Genüge getan.

Anselm: Es ist also offenbar, daß Gott an sich (objektiv betrachtet) keiner ehren oder entehren kann; sondern dies scheint nur (subjektiv betrachtet) für sich jemand zu tun, wenn er seinen eigenen Willen dem Willen Gottes unterwirft oder entzieht.

Boso: Ich weiß nicht, was ich dagegen sagen kann.

Anselm: Noch etwas will ich hinzufügen.

Boso: Rede so lange, bis ich es überdrüssig werde, zuzuhören.

16. Kapitel.

Grund und Ursache, warum die Zahl der
gefallenen Engel durch die Menschen ersetzt werden muß.

Anselm: Es ist ausgemacht, daß Gott sich vorgenommen hat, von dem menschlichen Wesen, das er ohne Sünde geschaffen hat, die Zahl der gefallenen Engel wieder zu ersetzen.

Boso: Das glauben wir, aber ich möchte einen Grund dafür haben.

Anselm: Du hintergehst mich; denn wir haben nur von der Menschwerdung Gottes zu handeln beschlossen; und du schiebst mir andere Fragen unter.

Boso: Zürne nicht; einen fröhlichen Geber hat Gott lieb[36]; denn niemand beweist mehr, daß er das Versprochene fröhlich gibt, als der, welcher mehr gibt, als er verspricht; sage also von Herzen, was ich frage.

Anselm: Daß das vernünftige Wesen, welches durch die Betrachtung Gottes selig ist oder werden soll, in einer vernunftmäßigen und vollkommenen Zahl von Gott vorhergewußt worden ist, so, daß dieselbe weder eine größere noch kleinere sein durfte, ist nicht zu bezweifeln. Denn entweder weiß Gott nicht, in welcher Anzahl es am besten geschaffen werden muß: was falsch ist; oder wenn er es weiß, wird er es in jener Anzahl erschaffen, die er für die dazu passendste erkennt. Daher waren die gefallenen Engel entweder zu dem Zweck geschaffen, daß sie innerhalb jener Zahl ständen; oder, weil sie außerhalb jener Zahl nicht beharren konnten, sind sie aus Notwen-digkeit gefallen; was eine ungereimte Mutmaßung ist.

Boso: Was du sagst, ist eine offenbare Wahrheit.

Anselm: Weil sie also von jener Zahl sein mußten, so muß ihre Zahl entweder aus Notwendigkeit wieder her-gestellt werden, oder das vernünftige Wesen, welches in einer vollkommenen Zahl vorhergewußt worden ist, wird

---

[36] 2. Kor. 9, 7.

in einer unvollkommenen Zahl zurückbleiben; was unmöglich ist.

Boso: Sie sind ohne Zweifel wieder herzustellen.

Anselm: Also notwendig von dem menschlichen Wesen, weil es kein anderes gibt, von dem sie wieder hergestellt werden könnten.

17. Kapitel.

Daß andere Engel an die Stelle jener nicht treten können.

Boso: Warum können sie nicht selbst oder anstatt ihrer andere Engel wiedergebracht werden?

Anselm: Wenn du die Schwierigkeit unserer Wiederbringung einsiehst, bemerkst du die Unmöglichkeit ihrer Versöhnung. Andere Engel aber können statt ihrer deshalb nicht wiedergebracht werden, weil sie (des Widerspruches zu geschweigen, in welchen diese Ansicht mit der Vollkommenheit der ersten Schöpfung tritt) dieses nur unter der Bedingung dürfen, daß sie solche sein können, wie jene gewesen wären, wenn sie nicht gesündigt hätten[37], da sie doch (die guten Engel) ohne die Bekanntschaft mit der Sündenstrafe zu machen, standhaft geblieben waren; was, nach dem Falle jener, anderen, die statt ihrer wiedergebracht würden, unmöglich wäre. Der,

---

[37] D. h. die in ihrem heiligen Zustand nach der Probe der Selbstbestimmung fixierten Engel müßten wieder in den Stand der unmittelbaren Unschuld vor dem Empfang des *donum perseverantiæ* zurückkehren.

welcher von keiner Sündenstrafe weiß[38] und der, welcher sie stets als eine ewige anschaut, dürfen, wenn sie in der Wahrheit stehen, nicht auf gleiches Lob rechnen. Denn die guten Engel sind nicht, wie man fälschlich glaubt, durch den Fall der bösen, sondern durch ihr eigenes Verdienst (im Guten) befestigt worden. Wie die guten, wenn sie mit den bösen gesündigt hätten, zugleich verdammt worden wären, so wären die ungerechten, wenn sie auf der Seite der gerechten gestanden hätten, in gleicher Weise befestigt worden. Wenn nämlich einige derselben nur durch den Fall der anderen zu befestigen waren, würde entweder niemals einer befestigt worden sein, oder es hätte notwendig einer fallen müssen, der zur Befestigung der anderen gestraft worden wäre; was beides ungereimt ist. Daher sind jene, welche beständig geblieben sind, auf dieselbe Weise befestigt worden, auf welche alle befestigt worden wären, wenn sie beständig geblieben wären; wie ich nach Kräften in der Schrift gezeigt habe, die davon handelt, warum Gott dem Teufel das Geschenk der Beharrlichkeit nicht gegeben hat.[39]

Boso: Du hast bewiesen, daß die bösen Engel von dem menschlichen Wesen wieder hergestellt werden müssen; und es erhellt aus dieser Beweisführung, daß die erwählten

---

[38] Gedanke: Wenn Engel, welche die Strafe der Sünde noch gar nicht kennen, in der Wahrheit beharren, so haben sie größeren Ruhm, als wenn sie die ewige Strafe der gefallenen Engelwelt vor Augen sehen und sich durch diesen furchterregenden Anblick, also mittelbar durch den Fall der bösen, in ihrer Entscheidung für das Beharren mitbestimmen lassen.

[39] In der Schrift vom Fall des Teufels (*Dial. de casu diaboli*).

Menschen in nicht geringerer Anzahl vorhanden sein werden, als die verworfenen Engel. Aber zeig, wenn du kannst, ob deren mehr sein werden?

18. Kapitel.

Ob es mehr heilige Menschen geben wird, als böse Engel sind?

Anselm: Wenn die Engel, ehe einige derselben fielen, in jener vorhin erwähnten vollkommenen Zahl vorhanden waren, so sind die Menschen nur zum Ersatz für die verlorenen Engel geschaffen; und offenbar werden sie nicht zahlreicher sein, als sie. Wenn aber jene Zahl in allen Engeln zusammen noch nicht zum Abschluß kam, so ist teils das, was verlorengegangen ist, teils das, was früher fehlte, aus den Menschen zu ergänzen und der auserwählten Menschen wird es mehr geben, als der bösen Engel; und hiernach werden wir urteilen, daß die Menschen nicht nur zur Wiederherstellung der verkleinerten, sondern auch zur Vollendung der noch nicht vollkommenen Zahl geschaffen waren.[40]

Boso: Was ist eher zu behaupten, ob die Engel vorher in vollkommener Zahl geschaffen sind, oder nicht?

Anselm: Was ich davon halte, will ich sagen.

---

[40] Die Überzahl der auserwählten Menschen, verglichen mit der Zahl der verworfenen Engel, diente dann zur Ausfüllung der vom Schöpfer offengelassenen Stelle, welche für geistige Wesen anderer Art, als die Engel sind, aufbewahrt war.

Boso: Ich kann nicht mehr von dir verlangen.

Anselm: Wenn der Mensch nach dem Fall der bösen Engel geschaffen worden ist, wie einige in der Genesis erkennen wollen, so sehe ich mich außer Stande, dadurch das eine oder andere bestimmt zu beweisen. Denn es ist möglich (wie ich glaube), daß die Engel vorher in der vollkommenen Zahl gewesen sind und späterhin der Mensch zur Wiederherstellung ihrer verkleinerten Zahl geschaffen wurde; und es ist möglich, daß sie nicht in der vollkommenen Zahl existiert haben, weil Gott, wie er es noch tut, die Ausfüllung jener Zahl aufschob, in der Absicht, das menschliche Wesen zu seiner Zeit ins Dasein zu rufen, um daraus entweder nur die noch nicht vollständige Zahl zu ergänzen oder aber, im Fall sie verkleinert ward, dieselbe wieder herzustellen. Wenn aber die gesamte Kreatur zugleich geworden ist und jene Tage, in denen nach dem Bericht des Moses diese Welt nicht zugleich entstanden zu sein scheint, anders verstanden werden müssen, als die von uns wahrgenommenen Tage, in denen wir leben; so kann ich nicht begreifen, wie die Engel in jener vollkommenen Zahl geschaffen sein sollten. Wenn es nämlich so wäre, würden, so scheint es mir, mit Notwendigkeit entweder einige Menschen oder Engel haben fallen müssen, oder es würden in dem himmlischen Staat mehr sein, als das entsprechende Maß jener vollkommenen Zahl erforderte. Wenn also alles zusammen geschaffen worden ist, scheinen die Engel und die beiden ersten Menschen in unvollständiger Zahl gewesen zu sein, dergestalt, daß durch die Menschen, wenn kein

Engel fiel, allein das Fehlende vervollständigt, und wenn einer verlorenging, auch das Gefallene ersetzt würde; und das Wesen des Menschen, welches schwächer war, würde Gott gleichsam entschuldigen und den Teufel beschämen, wenn er seinen Fall seiner Schwachheit zuschrieb, weil sogar das schwächere Wesen feststand; und wenn es ebenfalls fiel, würde es noch vielmehr Gott gegen den Teufel und gegen sich selbst in Schutz nehmen, weil es, bedeutend schwächer und sterblich erschaffen, in den Auserwählten von der Stufe seiner großen Schwäche noch über den Höhepunkt, von welchem der Teufel hinabsank, um so viel höher emporstieg, um wieviel die guten Engel, mit denen es dasselbe Los teilen soll, nach dem Fall der Bösen vorschritten, weil sie beharrten. Aus diesen Gründen scheint es mir annehmbarer, daß in den Engeln jene vollkommene Zahl, durch welche der obere Staat sich vollenden sollte, nicht war; weil, wenn der Mensch nicht zugleich mit den Engeln geschaffen ist, es so möglich ist; und wenn sie (Mensch und Engel) zugleich geschaffen sind, was viele eher glauben wegen der Schriftstelle: „Der in Ewigkeit lebt, hat alles zugleich erschaffen"[41], es notwendig zu sein scheint. Aber auch wenn die Vollkommenheit der weltlichen Kreatur nicht sowohl in der Zahl der Individuen, als in der Zahl der Wesen zu denken ist, ist notwendig, daß das menschliche Wesen entweder zur Ergänzung jener Vollkommenheit geschaffen sei, oder daß es in Rücksicht auf letztere über-

---

[41] Jes. Sir. 18, 1.

flüssig sei, was wir auch von dem Wesen des kleinsten Würmchens nicht zu behaupten wagen. Deswegen ist der Zweck seiner Schöpfung sein Selbstzweck, nicht bloß die Wiederherstellung der Individuen des anderen Wesens; woraus erhellt, daß die Menschen, wenn auch kein Engel verlorengegangen wäre, dennoch ihren Platz im himmlischen Staat gehabt hätten.[42] Und so folgt, daß unter den Engeln, bevor einige derselben fielen, jene vollkommene Zahl nicht gefunden wurde; sonst war es notwendig, daß entweder einige Menschen oder Engel fielen; weil außer jener vollkommenen Zahl keiner bleiben konnte.

Boso: Du hast etwas ausgerichtet.

Anselm: Es gibt noch einen anderen Grund, der meines Erachtens jener Meinung nicht wenig beipflichtet, welche die Engel nicht in vollkommener Zahl geschaffen glaubt.

Boso: Sage ihn.

Anselm: Wenn die Engel in jener vollkommenen Zahl geschaffen sind, und die Menschen zu keinem anderen Zweck als zum Ersatz für die verlorenen Engel geschaffen sind, so ist offenbar, daß, wenn die Engel von jener Selig-

---

[42] *Quare pro se ipsa ibi facta est et non solum pro restaurandis individuis alterius naturæ.* Wörtlich: Deswegen ist es (das menschliche Wesen, die menschliche Natur oder Art) für sich selbst darin (*in numero naturarum,* in der Zahlenreihe der Wesen) geschaffen und nicht bloß zur Wiederherstellung der Individuen des anderen Wesens; d. h. der Zweck seiner Schöpfung ist sein Selbstzweck; es sollte, weil die Vollkommenheit der Schöpfung in der Vollzahl der Wesen oder Naturen besteht, an und für sich allein schon einen notwendigen Bestandteil des Weltganzen bilden.

keit nicht abgefallen wären, die Menschen zu ihr nicht emporsteigen würden.

Boso: Das ist gewiß.

Anselm: Wenn aber jemand sagen sollte, die auserwählten Menschen müßten sich ebensosehr über das Verderben der Engel, als über ihre eigene Annahme freuen, weil ohne Zweifel diese nicht stattfände, wenn jenes nicht stattgefunden hätte; wie werden sie vor dieser verkehrten Freude bewahrt werden können? Oder wie sollen die gefallenen Engel aus den Menschen ersetzt worden sein, wenn jene ohne ihren Fall von diesem Fehler freigeblieben wären, ich meine die Freude über den Fall der anderen; diese aber ohne jenen (Fehler) nicht sein können? Ja wie sollen sie mit diesem Fehler selig sein? Und dann – was ist das für eine gewagte Behauptung, Gott wolle oder könne diese Wiederherstellung nicht ohne diesen Fehler bewirken!

Boso: Verhält es sich nicht ähnlich mit den Heiden, welche zum Glauben berufen sind, weil ihn die Juden verschmäht haben?

A. Nein; denn wenn alle Juden geglaubt hätten, würden doch die Heiden berufen worden sein; denn in allerlei Volk ist, wer Gott fürchtet und recht tut, ihm angenehm.[43] Aber weil die Juden die Apostel verachteten, fanden diese damals die Gelegenheit, sich zu den Heiden zu wenden.

---

[43] Apostelg. 10, 35.

Boso: Ich sehe in keiner Weise, was ich darauf erwidern könnte.

Anselm: Woher scheint dir jene sonderliche Freude über einen fremden Fall zu kommen?

Boso: Woher anders als aus der Gewißheit eines jeden, daß er den gewonnenen Standpunkt unbedingt nicht einnehmen würde, wenn nicht ein anderer von demselben herabgesunken wäre?

Anselm: Wenn also keiner diese Gewißheit hätte, so hätte auch keiner Grund und Veranlassung, sich über fremden Schaden zu freuen.

Boso: So scheint es.

Anselm: Glaubst du, daß irgendeiner von ihnen diese Gewißheit haben würde, wenn sie viel zahlreicher wären als die, welche gefallen sind?

Boso: Ich kann mir nicht vorstellen, daß er sie hätte oder haben müßte. Denn wie kann einer wissen, ob er zum Wiederersatz dessen, was verringert war, oder zur Ergänzung dessen, was noch nicht vollständig war, zu jener den Staat Gottes begründenden Anzahl durch die Schöpfung hinzugetan ist? Aber alle werden gewiß sein, daß sie geschaffen sind, um jenen Staat zu bilden.[44]

---

[44] Wenn die erwählten Menschen zahlreicher als die verworfenen Engel, also nicht bloß um diese zu ersetzen, sondern auch um ihren selbständigen Platz im Reich Gottes einzunehmen erschaffen sind, so weiß keiner, ob er die von einem bösen Engel verlassene, oder eine ihm als Menschen von Gott ursprünglich zugedachte Stelle empfangen hat. Eine Schadenfreude ist in diesem Fall unmöglich.

Anselm: Wenn sie also zahlreicher sind, als die versto-ßenen Engel, kann oder braucht keiner zu wissen, daß er nur infolge eines fremden Falles darin auf- und ange-nommen worden ist.

Boso: Es ist wahr.

Anselm: Daher wird keiner einen Grund haben, sich über das Verderben des anderen zu freuen.

Boso: So folgt.

Anselm: Da wir nun sehen, daß aus der größeren An-zahl von erwählten Menschen im Vergleich zu den verdammten Engeln jene Unangemessenheit nicht folgt, welche notwendig folgen muß, wenn sie nicht zahlreicher sind; und da es unmöglich ist, daß eine Unangemes-senheit in jenem Staat vorkommen sollte, so scheint es notwendig zu sein, daß die Engel nicht in der besagten vollkommenen Anzahl erschaffen sind und es mehr selige Menschen als unselige Engel geben wird.

Boso: Ich sehe keinen Grund, dies zu leugnen.

Anselm: Ich glaube, noch einen anderen Grund für dieselbe Meinung anführen zu können.

Boso: Auch diesen darfst du vorbringen.

Anselm: Wir glauben, daß dieser Weltenkörper für einen herrlicheren Zustand erneuert werden muß, und daß dies nicht geschehen wird, bis die Zahl der erwählten Menschen erfüllt ist und jener selige Staat zur Voll-endung kommt; und daß nach dessen Vollendung die erwähnte Erneuerung unverzüglich eintritt.[45] Hieraus kann man folgern, wie Gott von Anbeginn den Plan gefaßt hat, beides zu vollenden: die niedrigere Natur, die Gott nicht fühlte, sollte keineswegs vor der höheren, die Gottes genießen durfte, vollendet werden, und sollte bei

---

[45] Der eschatologische Grund für die Behauptung, daß es mehr auserwählte Menschen, als verworfene Engel geben muß. Gott hat im Anfang beschlossen, die Sinnenwelt mit der seligen Geisterwelt, die äußere Seite des Gottesreiches mit der inneren desselben gleichzeitig zu vollenden. Demgemäß hatte das Reich Gottes mit der Zahl der Engel vor dem Sturz der bösen Engel seinen numerischen Abschluß noch nicht erreicht, sondern Gott wartete bis zur Erneuerung der Sinnenwelt, um es vollends mit Menschen auszufüllen; oder wenn es numerisch vollkommen war, so fehlte zu seiner Vollendung 1) entweder noch die Befestigung der Reichsgenossen, und die Befestigung mußte, auch wenn keiner gesündigt hätte, bis zu der erwarteten Welterneuerung aufgeschoben werden; oder 2) die Welterneuerung hätte für den Fall, daß jene Befestigung keinen längeren Aufschub zuließ, mit ihr zugleich schnell nach der Erschaffung erfolgen müssen. Mit der zweiten Annahme streitet das kreatürliche Entwickelungsgesetz eines sukzessiven Fortschreitens vom Anfang bis zum Endziel. Der ersten Annahme steht die Tatsache entgegen, daß Gott die guten Engel sofort nach ihrem Sieg über die Versuchung befestigt hat, so wie die Gewißheit, daß er dasselbe mit den ersten Menschen getan hätte, wenn sie sündlos geblieben wären. Folglich dürfen wir schließen, daß die erst geschaffene Engelzahl die vollzählige Genossenschaft des Himmelreiches nicht für sich, sondern mit den Menschen zusammen bilden sollte. Gott würde also, wenn auch alle Engel standhaft geblieben wären, mit der Vollendung des Himmelreiches so lange gewartet haben, bis die Zahl der auserwählten Menschen erfüllt war, um schließlich auch die Sinnenwelt zu verklären. Haben nun die Menschen neben der Bestimmung, die gefallenen Engel zu ersetzen, zugleich ihre eigene Stelle im Himmelreich, so muß es mehr auserwählte Menschen als verworfene Engel geben.

der Vollendung der höheren, in eine bessere Gestalt verwandelt, sich nach ihrer Weise auch mitfreuen; ja die ganze Kreatur sollte infolge einer so herrlichen und bewundernswerten Selbstvollendung in ewiger Mitfreude mit dem Schöpfer und Ihresgleichen, ein jedes Geschöpf in seiner Art, sich ergötzen, insofern als das, was der Wille in der vernünftigen Natur aus freier Regung tut, die empfindungslose Kreatur durch Gottes Anordnung aus natürlichem Trieb schöpft. Denn wir pflegen uns bei der Erhöhung unserer Vorfahren mitzufreuen, wie wenn wir an den Geburtstagen der Heiligen in festlichem Jubel über ihre Herrlichkeit frohlockend unser Wonnegefühl äußern. Diese Meinung scheint ihre Stütze daran zu haben, daß, wenn Adam nicht gesündigt hätte, Gott dennoch die Vollendung jenes Staates aufschieben würde, bis die erwartete Zahl aus den Menschen vollzählig geworden ist und die Menschen auch körperlich in eine, sozusagen, unsterbliche Unsterblichkeit versetzt werden. Denn im Paradies hatten sie eine gewisse Unsterblichkeit, d. h. Fähigkeit, nicht zu sterben, aber diese Fähigkeit war nicht unsterblich, weil sie sterben konnte, so daß die Menschen nur vermochten, nicht zu sterben. Verhält es sich nun so, daß Gott jenen vernünftigen und seligen Staat und diese weltliche und empfindungslose Natur zusammen zu vollenden von Anbeginn her beschlossen hat, so war, wie es scheint, jener Staat nicht ausgefüllt mit der Zahl der Engel vor dem Sturz der bösen, sondern Gott wartete, um ihn mit den Menschen auszufüllen, bis zu der Zeit, wo er die leibliche Natur der Welt in eine bessere Gestalt verwandeln wollte, oder wenn der genannte Staat in der Zahl vollkommen, dagegen in der Befestigung unvollkommen war, und seine Befestigung, auch wenn keiner in ihm gesündigt hätte, bis zu der von uns gehofften Welterneuerung aufgeschoben werden mußte; oder wenn jene Befestigung nicht länger aufgeschoben werden konnte, so war die Welterneuerung zu beschleunigen, damit sie mit ebendieser Befestigung zugleich eintreten konnte. Aber daß Gott die jüngst entstandene Welt urplötzlich zu erneuern und die Dinge, welche nach jener Erneuerung nicht mehr sein werden, schon im Anfang, bevor der Zweck ihrer Erschaffung sichtbar wurde, zu zerstören beschlossen haben sollte, entbehrt alles Grundes. Es folgt daher, daß die Engel nicht in so vollkommener Zahl waren, um ihre Befestigung aus dem Grund nicht lange aufschieben zu dürfen, weil die Erneuerung der neugeschaffenen Welt bald hätte geschehen müssen; welches letztere undenkbar ist. Daß Gott aber diese Befestigung bis zur zukünftigen Welterneuerung habe verschieben wollen, scheint ebenso undenkbar, zumal da er sie an einigen so schnell vollbracht hat, und da sich einsehen läßt, daß er nach dem Sündenfall der Engelwelt jene (die Befestigung) an den ersten Menschen, wenn sie sündlos geblieben wären, vollbracht hätte so wie er es an den beharrenden Engeln getan hat. Wiewohl nämlich die Menschen noch nicht zu dem gleichen Rang mit den Engeln würden befördert worden sein, zu dem sie gelangen sollten, wenn die Vollzahl aus ihnen der Bestimmung gemäß angenommen war; so ist es bei der Gerechtigkeit, in der sie standen, doch ein wahrscheinlicher Gedanke, daß sie, wenn sie in der Versuchung über die Sünde gesiegt hätten, so mit ihrer ganzen Nachkommenschaft würden befestigt worden sein, daß sie nicht mehr sündigen konnten; wie sie auf der anderen Seite durch die von der Sünde erlittene Niederlage so geschwächt worden sind, daß sie, so viel an ihnen liegt, ohne Sünde nicht sein können. Wer wollte denn behaupten, daß die Ungerechtigkeit mächtiger sei, den Menschen, der bei der ersten Verführung ihr beistimmte, in Knechtschaft an sich zu binden, als die Gerechtigkeit es gewesen wäre in Bezug auf seine Befestigung in der Freiheit, wenn er ihr in jener ersten Versuchung anhänglich blieb? Denn wie die menschliche Natur, weil sie ganz in den ersten Eltern war, ganz in ihnen von der Sünde besiegt worden ist (mit Ausschluß jenes einzigen Menschen, welchen Gott ebensowohl ohne Mannessamen aus der Jungfrau hervorzubringen, wie von der Sünde Adams abzusondern wußte), so hätte sie in ebendenselben ganz gesiegt, wenn sie nicht gesündigt hätte. Es bleibt also die Meinung übrig, daß der obere Staat in jener ersten Zahl der Engel nicht vollständig und deshalb von den Menschen zu vervollständigen war. Wenn dies gewiß ist, wird es mehr auserwählte Menschen, als verstoßene Engel geben.

Boso: Das Gesagte kommt mir sehr vernünftig vor; aber was sollen wir dazu sagen, daß von Gott gelesen wird: „er setzte die Grenzen der Völker nach der Zahl der Kinder Israel?"[46] Was einige, weil anstatt „der Söhne Israels" die Worte „der Engel Gottes" sich finden, so auslegen, daß eine der Zahl der guten Engel entsprechende Zahl von auserwählten Menschen als zu begnadigend gedacht wird.

Anselm: Das widerspricht nicht der vorher geäußerten Meinung, wenn es ungewiß ist, daß ebenso viele Engel gefallen, als zurückgeblieben sind. Denn wenn es mehr auserwählte, als verstoßene Engel gibt, so ist es einesteils notwendig, daß die auserwählten Menschen die verstoßenen Engel ersetzen, anderenteils möglich, daß sie der Zahl

---

[46] Boso wirft ein: Widerspricht deiner Folgerung nicht die Stelle Deut. 32, 8: Gott setzte die Völker nach der Zahl der Söhne Israel, wenn man mit den LXX (Septuaginta) liest nach der Zahl der Engel Gottes, und erklärt: Die Zahl der auserwählten Menschen muß mit der Zahl der guten Engel übereinkommen? Anselm entgegnet: Diesen Widerspruch kann ich nur dann zugeben, wenn es gewiß ist, daß ebenso viele Engel gefallen, als standhaft geblieben sind. Dazu liegt aber in der bezeichneten Stelle kein Grund. Denn entweder bedeuten die Worte: nach der Zahl der Engel Gottes dasselbe wie die Worte: nach der Zahl der Söhne Israels – wenn nämlich heilige Menschen in der Schrift Söhne Abrahams heißen, können sie ebensogut Söhne Israels oder Engel, d. h. Boten Gottes genannt werden – und der Sinn ist: es wird so lange Völker geben auf dieser Welt, bis die vorherbestimmte Zahl auserwählter Menschen vollzählig geworden ist; oder die Engel Gottes sind wirkliche Engel, dann hat man zu erklären: es wird so lange Völker geben, bis die Zahl der auserwählten Menschen mit der Zahl der heiligen Engel übereinstimmt. Besteht nun das Reich Gottes aus zwei Hälften, deren eine die Menschen, die andere die guten Engel umfaßt, und sind von der Gesamtzahl der Engel mehr standhaft geblieben, als gefallen, so sind die erwählten Menschen einerseits zahlreicher als die gefallenen Engel und andererseits den guten Engeln an Zahl gleich.

der seligen gleichkommen, und so werden mehr gerechte Menschen, als ungerechte Engel sein. Aber besinne dich, unter welcher Bedingung ich auf deine Frage zu antworten angefangen habe; nämlich, wenn ich etwas behaupte, das von keiner höheren Autorität bestätigt wird, wenn ich es auch mit der Vernunft zu beweisen scheine, so sollte es mit keiner anderen Gewißheit angenommen werden, als daß es mir inzwischen so vorkommt, bis mir Gott irgendwie besseres offenbart. Denn ich bin gewiß, wenn ich etwas sage, was der Heiligen Schrift ohne Zweifel zuwider ist, daß es falsch ist; und ich will es nicht festhalten, wenn ich es als solches erkannt habe. Aber wenn wir in den Dingen, über welche ohne Gefahr verschiedene Meinungen stattfinden können, wie der Gegenstand ist, von dem wir jetzt handeln – denn darüber in Unwissenheit sein, ob mehr Menschen, als die Zahl der verlorenen Engel austrägt, zu erwählen sind oder nicht, und der einen von diesen Ansichten mehr Wert beilegen, als der anderen, halte ich für keine Seelengefahr – wenn wir, sage ich, in dergleichen Dingen die göttlichen Aussprüche so auslegen, daß sie verschiedenen Meinungen günstig zu sein scheinen und nirgends bestimmen, was man unbestritten behaupten muß; so, glaube ich, darf es ohne Tadel geschehen. Was aber den Spruch betrifft, den du angeführt hast: er bestimmte die Grenzen der Völker, oder der Heiden, nach der Zahl der Engel Gottes, statt dessen in einer anderen Übersetzung gelesen wird: nach der Zahl der Söhne Israels; so liegt, weil beide Übersetzungen entweder dasselbe oder verschiedenes ohne Widerspruch bezeichnen, der Sinn darin, daß mit den Engeln Gottes und den Söhnen Israels nur die guten Engel oder die auserwählten Menschen allein, oder die Engel und auserwählten Menschen zusammen gemeint sind, nämlich jener obere Staat ganz. Oder es sind mit den Engeln Gottes bloß die heiligen Engel und mit den Söhnen Israels allein die gerechten Menschen gemeint. Oder es werden die Engel allein durch die Söhne Israels und die gerechten Menschen durch die Engel Gottes vorgestellt. Wenn nur die guten Engel durch beide Ausdrücke bezeichnet werden, so kommt es auf dasselbe hinaus, als ob der Ausdruck „Engel Gottes" allein stände; wenn aber der ganze himmlische Staat, so ist der Sinn der, daß Völker, d. i. Massen von erwählten Menschen so lange werden angenommen werden, oder daß so lange auf dieser Welt Völker sein werden, bis von den Menschen die vorherbestimmte, noch nicht vollkommene Zahl jenes Staates vollzählig wird. Aber ich sehe jetzt nicht, wie die Engel allein oder die Engel und heiligen Menschen zusammen mit den Söhnen Israels gemeint sein sollen; dagegen ist es nicht selten, daß die heiligen Menschen Söhne Israels, so wie Söhne Abrahams genannt werden. Diese können auch Engel Gottes deswegen mit Recht genannt werden, weil sie das Leben der Engel nachahmen, weil ihnen die Ähnlichkeit und Gleichförmigkeit mit den Engeln im Himmel verheißen wird und weil alle gerecht Lebenden Engel Gottes sind. Daher führen schon die Bekenner und Märtyrer diesen Namen; denn wer die Wahrheit bekennt und bezeugt, ist Gottes Bote, d. i. sein Engel. Und wenn ein böser Mensch Teufel genannt wird, wie der Herr von Judas sagt, wegen der Ähnlichkeit in der Bosheit, warum sollte nicht auch ein guter Mensch Engel genannt werden, wegen der Nachahmung in der Gerechtigkeit? Darum können wir, glaube ich, sagen, daß Gott die Grenzen der Völker nach der Zahl der auserwählten Menschen bestimmt habe, weil es so lange Völker und eine Zeugung der Menschen in dieser Welt geben wird, bis die Zahl der auserwählten Menschen vollständig ist; mit ihrer Vollständigkeit wird die menschliche Zeugung, welche im diesseitigen Leben geschieht, aufhören. Dagegen wenn wir unter den Engeln Gottes nur die heiligen Engel und unter den Söhnen Israels nur die gerechten Menschen verstehen, kann der Satz: „Gott hat die Grenzen der Völker nach der Zahl der Engel Gottes bestimmt" auf zwei Arten ausgelegt werden: entweder wird ein so großes Volk, d. h. so viele Menschen angenommen werden, als heilige Engel Gottes sind, oder es werden so lange Völker sein, bis die Zahl der Engel Gottes aus den Menschen ergänzt wird. Meiner Meinung nach können die Worte: „er hat die Grenzen der Völker nach der Zahl der Söhne Israels bestimmt", nur auf diese eine, oben angedeutete Weise ausgelegt werden: so lange werden in dieser Welt Völker sein, bis die Zahl der heiligen Menschen angenommen wird. Und es läßt sich aus beiden Übertragungen schließen, daß so viele Menschen werden angenommen werden, als Engel zurückgeblieben sind. Daraus folgt jedoch nicht, daß ebenso viele Engel gefallen, als beharrlich geblieben sind, wenn auch die verlorengegangenen Engel von den Menschen ersetzt werden müssen. Bei der Richtigkeit dieser Behauptung müßte dann allerdings sich herausstellen, wie unsicher die oben aufgestellten Gründe sind, welche zu beweisen scheinen, daß unter den Engeln, bevor einige derselben fielen, jene obengenannte vollkommene Zahl nicht stattgefunden habe und daß es mehr erwählte Menschen geben werde, als es böse Engel gibt.[47]

Boso: Es reut mich nicht, daß ich dich genötigt habe, solches über die Engel zu sagen; denn es ist nicht umsonst geschehen. Jetzt kehre zu unserem Ausgangspunkt zurück.

19. Kapitel.

Daß der Mensch nicht selig werden kann ohne Genugtuung für die Sünde.

Anselm: Der Vorsatz Gottes, von den Menschen die gefallenen Engel wieder herzustellen, steht fest.

Boso: Gewiß.

Anselm: Die Menschen also, welche anstatt der Engel in jenem oberen Staat Aufnahme finden, müssen von derselben Beschaffenheit sein, von welcher jene dort

---

[47] Das *Quod* zu Anfang des Satzes bezieht sich zurück auf die vorhergehenden Worte: *tot angelos cecidisse quot perseveraverunt*. Gedanke: Behauptet man dieses, dann müssen allerdings unsere obigen Gründe für die Überzahl der auserwählten Menschen im Vergleich zu dem numerischen Bestand der bösen Engel unsicher werden.

gewesen sein würden, deren Stelle sie ebendort vertreten sollen, d. h. wie die guten Engel jetzt sind; sonst würden ja die Gefallenen nicht wieder hergestellt worden sein und die Folge davon wäre, daß Gott das Gute, was er angefangen hat, entweder nicht vollenden kann oder Reue fühlt, etwas so Gutes angefangen zu haben; beides aber ist ungereimt.

Boso: In der Tat müssen die Menschen den guten Engeln gleich sein.

Anselm: Haben die guten Engel jemals gesündigt?

Boso: Nein.

Anselm: Kannst du dir denken, daß ein Mensch, der einmal gesündigt und Gott niemals für seine Sünde genuggetan hat, sondern bloß ungestraft losgelassen wird, einem Engel gleich sei, der niemals gesündigt hat?

Boso: Diese deine Worte kann ich denken und sagen: aber ihren Sinn kann ich ebensowenig denken, als ich zu begreifen vermag, daß Unwahrheit Wahrheit sei.

Anselm: Daher ziemt es sich nicht für Gott, einen sündigen Menschen ohne Genugtuung zur Wiederherstellung der verlorenen Engel aufzunehmen; weil die Wahrheit nicht duldet, daß er zur Gleichheit mit den Seligen erhoben wird.

Boso: So zeigt die Vernunft.

Anselm: Erwäge auch an dem Menschen allein, ohne den Gesichtspunkt, daß er den Engeln gleich werden muß, ob ihn Gott dergestalt zu irgendwelcher Seligkeit oder zu einer solchen, wie er sie besaß, ehe er sündigte, befördern muß?

Boso: Sage du, was du denkst, und ich werde es erwägen, so viel ich kann.

Anselm: Laß uns annehmen, ein Reicher hielte in seiner Hand eine köstliche Perle, welche niemals von einer Befleckung berührt ist und die ohne seine Zulassung kein anderer aus seiner Hand reißen kann; und er soll beabsichtigen, sie in seinen Schatz zurückzulegen, wo seine teuersten und wertvollsten Besitztümer sind.

Boso: Ich stelle mir dies so vor, als geschähe es vor uns.

Anselm: Wie, wenn er zugäbe, daß ebendiese Perle von einem Neidischen aus seiner Hand gewunden und in den Kot geworfen würde, obgleich er es verhüten könnte; und darauf dieselbe aus dem Kot nehmend, besudelt und ungewaschen an einen reinen und teuren Ort, um sie so für die Zukunft aufzubewahren, zurück legte; wirst du ihn für weise halten?

Boso: Wie kann ich das? Denn wäre es nicht viel besser, daß er seine Perle rein erhielte und aufhübe, als befleckt?

Anselm: Würde Gott nicht ähnlich handeln, der den Menschen, welcher ohne die Sünde sich zu den Engeln gesellen dürfte, gleichsam in seiner Hand hielt im Paradies und zugab, daß ihn der von Neid entbrannte Teufel, wenn auch mit seiner (des Menschen) Zustimmung in den Kot der Sünde stürzte? Denn wenn er es dem Teufel wehren wollte, konnte er den Menschen nicht versuchen. Würde er nicht, sage ich, ähnlich handeln, wenn er den mit dem Sündenschmutz befleckten Menschen ohne alle Waschung, d. i. ohne alle Genugtuung, als einen, der immer so bleiben wird, wenigstens in das Paradies, aus dem er verstoßen war, zurückführte?

Boso: Ich wage das Gleichnis, wenn Gott dies täte, nicht zu bestreiten und lehne deshalb die Möglichkeit einer solchen Handlungsweise von seiten Gottes ab. Denn es möchte scheinen, als ob er das, was er sich vorgesetzt hatte, entweder nicht hätte hinausführen können; oder den guten Vorsatz bereut hätte; was bei Gott nicht der Fall sein kann.

Anselm: Halte dich also ganz fest überzeugt, daß ohne Genugtuung, d. i. ohne die freiwillige Bezahlung der Schuld, weder Gott die Sünde ungestraft vergeben, noch der Sünder zur Seligkeit, und wäre es nur eine solche, wie er sie vor dem Sündenfall hatte, gelangen kann; denn auf diese Art würde der Mensch nicht einmal in den Zustand vor der Sünde zurückversetzt werden.

Boso: Ich kann deinen Folgerungen ganz und gar nicht widersprechen. Aber weshalb sagen wir zu Gott: „vergib uns unsere Schulden!" und warum betet das ganze Volk so zu Gott, von dem es glaubt, daß er ihm die Sünden vergibt? Denn wenn wir bezahlen, was wir schuldig sind, warum beten wir, daß er vergeben soll? Ist Gott etwa ungerecht, daß er zum zweiten Mal fordert, was schon bezahlt ist? Wenn wir aber nicht bezahlen, warum beten wir umsonst, daß er das tue, was er nicht tun kann, weil sich's nicht paßt?

Anselm: Wer nicht bezahlt, sagt umsonst: Vergib; wer aber bezahlt, bittet demütig, weil eben das zur Zahlung gehört, daß er demütig bittet; denn Gott ist keinem etwas schuldig, sondern die ganze Kreatur ist seine Schuldnerin; darum frommt es dem Menschen nicht, mit Gott zu handeln, wie mit Seinesgleichen. Aber dir darauf jetzt Antwort zu geben, ist unnötig, denn wenn du begreifen lernst, warum Christus gestorben ist, wirst du vielleicht von selbst einsehen, was du fragst.

Boso: Ich begnüge mich nun mit dem, was du mir auf diese Frage antwortest. Daß aber kein Mensch mit der Sünde zur Seligkeit kommen oder von der Sünde losgesprochen werden kann, ohne daß er bezahlt, was er durch das Sündigen geraubt hat, hast du so deutlich dargetan, daß ich es nicht bezweifeln kann, wenn ich auch wollte.

20. Kapitel.

Daß die Genugtuung nach dem Maß der Sünde sich richten muß und der Mensch sie nicht durch sich selbst leisten kann.

Anselm: Auch das wirst du nicht bezweifeln, wie ich glaube, daß die Genugtuung dem Maß der Sünde entsprechen muß.

Boso: Im entgegengesetzten Fall bliebe die Sünde zum Teil ungeordnet, was nicht sein kann, wenn Gott in seinem Reich nichts Ungeordnetes läßt. Das aber ist vorher festgesetzt worden, daß jede noch so kleine Unebenheit an Gott unmöglich ist.

Anselm: Sage nun, was wirst du Gott für deine Sünde bezahlen?

Boso: Die Buße, ein zerknirschtes und demütiges Herz, Fasten und vielfache Anstrengungen des Leibes, Barmherzigkeit im Geben und Vergeben und Gehorsam.

Anselm: Was gibst du Gott mit alledem?

Boso: Ehre ich Gott etwa nicht, wenn ich aus Furcht vor ihm und Liebe zu ihm in herzlicher Reue die zeitliche Freude wegwerfe, in Fasten und Arbeiten die Genüsse und die Ruhe dieses Lebens unter die Füße trete, im Geben und Vergeben das Meine verschenke, im Gehorsam mich selbst ihm unterwerfe?

Anselm: Wenn du etwas gibst, was du Gott schuldig bist, auch wenn du nicht gesündigt hast, so darfst du dies nicht für die Schuld anrechnen, welche du für die Sünde schuldig bist. Alles Ebengenannte bist du Gott schuldig. Denn so groß muß in diesem sterblichen Leben die Liebe sein und die im Gebet sich aussprechende Sehnsucht, zu dem Ziel zu gelangen, für welches du geschaffen bist, und der Schmerz, daß du noch nicht davorstehst, und die Furcht, du möchtest es nicht erreichen, daß du keine Freude empfinden darfst, außer darüber, was dir entweder Hilfe oder Hoffnung gibt, dahin zu gelangen. Denn du verdienst nicht, zu besitzen, was du nicht seinem Wesen entsprechend liebst und ersehnst und darüber du keinen Schmerz fühlst, daß du es noch nicht hast und noch in so großer Gefahr schwebst, ob du es haben sollst oder nicht. Dazu gehört auch, die Weltruhe und die weltlichen Ergötzlichkeiten, welche den Geist von jener wahren Ruhe und Ergötzung abziehen, zu fliehen, wenn du nicht weißt, wieviel schon zur Absicht, dahin zu gelangen, erforderlich ist. Das Geben aber mußt du ebenso als schuldige Pflicht betrachten, wie du einsiehst, daß du das, was du gibst, nicht von dir hast, sondern von dem, dessen Knecht du bist und der ist, dem du gibst und daß die Natur dich lehrt, deinem Mitknecht, d. h. als ein Mensch dem Menschen zu tun, was du willst, das er dir tue[48]; und daß der, welcher nicht geben will, was er hat, nicht annehmen darf, was er nicht hat. Über die Vergebung sage ich kurz, daß dir unter keiner Bedingung die Rache zugehört, wie wir oben erklärt haben: weil weder du dein eigen bist, noch jener dein oder sein eigen, der dich beleidigt hat, sondern ihr seid eines Herren Knechte, von ihm aus Nichts gemacht; und wenn du dich an deinem Mitknecht rächst, maßt du dir das Gericht, welches dem Herrn und Richter aller zusteht, über ihn hoffärtig an. Was gibst du endlich im Gehorsam Gott, das du nicht schuldig bist, ihm, dem du was du bist und hast und kannst ganz zu Befehl stellen mußt?

Boso: Ich bestehe nicht mehr auf der Meinung, daß ich Gott in alledem etwas gebe, was ich schuldig bin.

Anselm: Was wirst du demnach Gott für deine Sünde bezahlen?

Boso: Wenn ich mich selbst und alles, was ich vermag, auch wenn ich nicht sündige, ihm schuldig bin, damit ich nicht sündige, so habe ich nichts, was ich ihm für die Sünde erstatten könnte.

---

[48] Matth. 7, 12.

Anselm: Was wird also aus dir werden? Wie wirst du selig sein können?

Boso: Wenn ich deine Folgerungen erwäge, sehe ich nicht, wie. Wenn ich mich aber zu meinem Glauben flüchte, so hoffe ich in dem christlichen Glauben, der durch die Liebe tätig ist, selig werden zu können[49], und zwar aufgrund des Wortes: „wenn der Ungerechte sich von seiner Ungerechtigkeit kehrt und die Gerechtigkeit tut, sollen alle seine Ungerechtigkeit der Vergessenheit übergeben werden."[50]

Anselm: Dieses Wort gilt nur von denen, die Christus entweder erwartet haben, ehe er kam, oder an ihn glauben, nachdem er gekommen ist. Aber Christus und den christlichen

Glauben haben wir als niemals existierend angenommen, weil wir auf reinem Vernunftweg untersuchen wollten, ob seine Ankunft zur Rettung der Menschen notwendig wäre.

Boso: So haben wir getan.

Anselm: Wir wollen daher auf dem bloßen Vernunftweg vorschreiten.

Boso: Obgleich du mich in die Enge treibst, so wünsche ich doch sehr, daß du so weiterschreitest, wie du angefangen hast.

---

[49] Gal. 5, 6.
[50] Ezech. 18, 27. 33, 14 ff.

21. Kapitel.

Von wie großem Gewicht die Sünde ist.

Anselm: Wir wollen setzen, alles das, was du nach deiner ebengemachten Voraussetzung für die Sünde zahlen kannst, wärst du nicht schuldig, und zusehen, ob es könne hinreichen zur Genugtuung nur für eine einzige so kleine Sünde, als ein Blick gegen den Willen Gottes ist.

Boso: Müßte ich nicht hören, daß du dies infrage stellst, so würde ich diese Sünde schon mit einem einmaligen Reueakt zu tilgen glauben.

Anselm: Du hast noch nicht überlegt, von wie großem Gewicht die Sünde ist.

Boso: Jetzt zeige mir es.

Anselm: Wenn du dich unter Gottes Augen sähest und jemand sagte zu dir: Blicke dorthin! Gott dagegen: Ich will durchaus nicht, daß du dorthin blickst; so frage du selbst in deinem Herzen, was für ein Grund in allem Vorhandenen liegt, wegen dessen du gegen den Willen Gottes jenen Blick tun müßtest.

Boso: Ich finde keinen Grund, dieses zu müssen; ich müßte mich denn etwa in der Notwendigkeit befinden, entweder diese oder eine größere Sünde zu begehen.

Anselm: Denke diese Notwendigkeit weg und erwäge, in Rücksicht auf diese Sünde allein, ob du sie tun kannst zu deiner eigenen Erlösung.

Boso: Ich sehe deutlich, daß ich nicht kann.

Anselm: Damit ich dich nicht länger hinhalte: wie nun, wenn es notwendig wäre, daß entweder die ganze Welt und alles, was nicht Gott ist, unterginge und vernichtet würde, oder daß du eine so geringfügige Tat gegen den Willen Gottes begingest?

Boso: Wenn ich die Handlung an sich betrachte, kommt sie mir als etwas sehr unbedeutendes vor: wenn ich aber mein Augenmerk darauf richte, was gegen den Willen

Gottes ist, erkenne ich in ihr ein sehr schweres und unvergleichlich schuldvolles Vergehen: jedoch pflegen wir bisweilen gegen den Willen jemandes ohne Tadel zu handeln, damit seine Sachen erhalten werden; was nachher dem gefällt, gegen dessen Willen wir handeln.

Anselm: Das begegnet einem Menschen, welcher bisweilen nicht einsieht, was ihm nützlich ist, oder das, was er verdorben hat, nicht wieder gut machen kann; aber Gott bedarf niemandes, und wenn alles unterginge, könnte er es, so wie er es gemacht hat, wieder herstellen.

Boso: Ich muß eingestehen, daß ich zur Erhaltung alles Geschaffenen nichts tun dürfte gegen den Willen Gottes.

Anselm: Wie, wenn es mehrere mit Kreaturen erfüllte Welten gäbe, so wie diese ist?

Boso: Wenn sie in unendlicher Zahl vervielfältigt und mir ebenfalls gezeigt würden, würde ich ebendasselbe antworten.

Anselm: Ganz richtig; ferner aber erwäge, wenn es sich träfe, daß du gegen den Willen Gottes jenen Blick tätest; was könntest du für diese Sünde bezahlen?

Boso: Ich habe nichts gewichtigeres, als was ich oben gesagt habe.

Anselm: Also sündigen wir schwer, so oft wir wissentlich etwas noch so geringfügiges gegen den Willen Gottes tun; weil wir immer in seinen Augen sind und er uns immer gebietet, daß wir nicht sündigen sollen.

Boso: Wie ich höre, leben wir in allzugroßer Gefahr.

Anselm: Es leuchtet ein, daß Gott eine dem Sündenmaß entsprechende Genugtuung fordert.

Boso: Ich kann es nicht leugnen.

Anselm: Du tust also nicht genug, wenn du nicht etwas größeres wieder gibst, als das ist, wofür du die Sünde nicht hättest begehen dürfen.[51]

Boso: Ich sehe ein, daß es die Vernunft so fordert und daß es ganz und gar unmöglich ist.

Anselm: Und Gott kann keinen nur irgend mit Sündenschuld behafteten zur Seligkeit annehmen, weil er nicht darf.

Boso: Dieser Ausspruch ist allzugewichtig.

---

[51] Sinn: Der, welcher für seine Sünde genugtun will, muß etwas Größeres zahlen, als den Preis, um welchen er nicht hätte die Sünde tun dürfen, etwas Größeres als die ganze Schöpfung.

22. Kapitel.

Welchen Schimpf der Mensch Gott angetan hat, als er sich vom Teufel hat überwinden lassen, und daß er für diesen Schimpf nicht Genugtuung leisten kann.

Anselm: Höre noch einen anderen Grund, warum es nicht weniger schwierig ist für den Menschen, sich mit Gott zu versöhnen.

Boso: Wenn mich nicht der Glaube tröstete, so würde mich dieses allein schon zu verzweifeln zwingen.

Anselm: Höre jedoch.

Boso: Rede.

Anselm: Der ohne Sünde geschaffene Mensch nahm im Paradies gleichsam als Statthalter Gottes[52] eine Mittelstellung zwischen Gott und dem Teufel ein, damit er den Teufel besiegte dadurch, daß er in dessen Rat zur Sünde nicht einwilligte, zur Entschuldigung und Ehre Gottes und zur Beschämung des Teufels, wenn er als der Schwächere auf Erden nicht sündigte auf Zureden desselben Teufels, der als der Stärkere im Himmel sündigte ohne jemandes Überredung; und obgleich dies der Mensch leicht durchführen konnte, hat er sich doch, von keiner Gewalt gezwungen, durch bloße Überredung frei-

---

[52] Der Mensch, im Paradies ohne Sünde geschaffen, ist gleichsam gesetzt für Gott (*pro Deo*) zwischen Gott und den Teufel. So wörtlich. Sinn: „Der Mensch sollte gleichsam der Anwalt Gottes gegen den Teufel sein", durch seine sündlose Beschaffenheit zur Rechtfertigung Gottes und Beschämung des Teufels den Beweis führen, daß mit der Freiheit des Geschöpfes die Sünde nicht notwendig zusammenhänge.

willig besiegen lassen nach dem Willen des Teufels und gegen den Willen und die Ehre Gottes.

Boso: Worauf willst du lossteuern?

Anselm: Urteile du selbst, ob es nicht gegen die Ehre Gottes sei, daß der Mensch mit der auf ihm lastenden Anklage dieser Gott angetanen Beschimpfung ihm versöhnt werde, wenn er nicht zuvor Gott geehrt hat durch Besiegung des Teufels, so wie er ihn verunehrt hat, als er vom Teufel besiegt wurde. Der Sieg aber muß so beschaffen sein, daß, wie er als ein Starker und der Fähigkeit nach Unsterblicher dem Teufel leicht seine Zustimmung zum Sündigen gab, weshalb er gerechtermaßen in die Strafe der Sterblichkeit verfiel; so als ein Schwacher und Sterblicher, zu dem er sich selbst gemacht hat, durch einen schweren Tod den Teufel besiegt, um auf keine Weise zu sündigen; was er nicht tun kann so lange er aus der Wunde der ersten Sünde empfangen und in der Sünde geboren wird.

Boso: Wiederum sage ich, daß das von dir Behauptete durch die Vernunft seine Bestätigung findet und unmöglich ist.

23. Kapitel.

Was der Mensch Gott, als er sündigte,
geraubt hat, ohne es wieder erstatten zu können.

Anselm: Vernimm noch eins, ohne das der Mensch gerechtermaßen nicht versöhnt wird und was ebenso unmöglich ist.

Boso: Du hast uns schon so vieles vorgehalten, was wir tun müssen, daß mich alles, was du sonst noch zusetzt, nicht mehr schrecken kann.

Anselm: Höre jedoch.

Boso: Ich höre.

Anselm: Was hat der Mensch Gott entwendet, als er sich vom Teufel besiegen ließ?

Boso: Rede du, wie du angefangen hast, weil ich nicht weiß, was er zu den Übeln, die du gezeigt hast, hinzufügen konnte.

Anselm: Hat er Gott nicht alles das entwendet, was er aus der menschlichen Natur zu machen sich vorgesetzt hatte?

Boso: Es kann nicht geleugnet werden.

Anselm: Achte auf die strenge Gerechtigkeit; und richte nach jener, ob die Gott vom Menschen gegebene Genugtuung der Sünde das Gleichgewicht hält, wenn er nicht eben das, was er Gott dadurch, daß er sich vom Teufel besiegen ließ, entwendet hat, durch einen Sieg über den Teufel wieder erstattet, so daß, gleich wie durch sein Besiegtwerden (des Menschen) der Teufel raubte, was

Gottes war und Gott verlor, also durch sein Siegen (des Menschen) der Teufel verliert und Gott wiedergewinnt.[53]

Boso: Es läßt sich nichts denken, was der Rechtsstrenge mehr entspräche.

Anselm: Glaubst du, daß die höchste Gerechtigkeit diese Gerechtigkeit verletzen könne?

Boso: Ich wage es nicht zu denken.

Anselm: Unter keiner Bedingung also darf oder kann der Mensch von Gott empfangen, was Gott ihm zu geben beschlossen hat, wenn er Gott nicht ganz wiedergibt, was er ihm entrissen hat; daß, wie durch ihn Gott verloren hat, so durch ihn Gott wiedergewinnt. Das kann nicht anders geschehen, als auf diese Weise: Wie durch den Besiegten die ganze menschliche Natur verdorben und von der Sünde gleichsam versäuert ist, mit der Gott keinen zur Vollendung jenes himmlischen Staates annimmt: so werden durch den Sieger so viele Menschen von der Sünde gerechtfertigt, als jene Zahl ausfüllen sollten, zu deren Ausfüllung der Mensch geschaffen ist. Aber das kann unmöglich ein sündiger Mensch tun, weil kein Sünder den anderen rechtfertigen kann.

Boso: Nichts ist gerechter und nichts unmöglicher; aber dem allem zufolge scheint die Barmherzigkeit Gottes und die Hoffnung des Menschen zuschanden zu werden,

---

[53] Die Genugtuung des Menschen für die Sünde muß der Sünde auch qualitativ entsprechen (*ad æqualitatem peccati esse*), d. h. wirklich das restituieren und heilen, was die Sünde verletzt und gebrochen hat: Gottes Ehre und Ordnung.

so weit sie sich auf die Seligkeit bezieht, zu welcher der Mensch geschaffen ist.

Anselm: Warte noch ein wenig.

Boso: Was hast du mehr?

24. Kapitel.

Daß der Mensch, so lange er Gott nicht gibt, was er schuldig ist, nicht selig sein kann und sein Unvermögen keine Entschuldigung findet.

Anselm: Wenn ein Mensch, der dem Menschen nicht wieder gibt, was er schuldig ist, ungerecht heißt, so ist noch viel mehr der ungerecht, welcher Gott nicht wieder gibt, was er schuldig ist.

Boso: Wenn er kann und doch nicht wieder gibt, ist er in der Tat ungerecht. Wenn er aber nicht kann, wie ist er ungerecht?

Anselm: Vielleicht kann er, wenn die Ursache des Unvermögens nicht in ihm liegt, einigermaßen entschuldigt werden. Aber wenn in dem Unvermögen selbst die Schuld liegt, so entschuldigt sie den die Schuld nicht zahlenden ebensowenig, als sie die Sünde mildert. Gesetzt, es legte jemand seinem Knecht ein Werk auf und befohle ihm, sich nicht in einen Graben, den er ihm zeigt, zu stürzen, aus welchem er nicht wieder herauskommen könnte, und jener Knecht stürzte sich dennoch, das Gebot und die Ermahnung seines Herrn verachtend, freiwillig in den vorher gezeigten Graben, so daß er das ihm aufgetragene

Werk gar nicht ausrichten könnte: glaubst du, daß jenes Unvermögen, um dessen willen er das auferlegte Werk nicht ausrichtet, ihm nur einigermaßen zur Entschuldigung gereiche?

Boso: Durchaus nicht, sondern vielmehr zur Vermehrung der Schuld, weil er selbst der Urheber jenes Unvermögens ist. Denn er hat doppelt gesündigt, einmal weil er das Befohlene nicht getan, und zweitens, weil er das Verbotene getan hat.

Anselm: So ist der Mensch, der sich freiwillig für jene Schuld, die er nicht bezahlen kann, verbindlich gemacht und aus eigener Schuld in dieses Unvermögen gestürzt hat, daß er weder das, was er vor der Sünde schuldig war, d. h. nicht zu sündigen, noch das, was er schuldig ist, weil er gesündigt hat, bezahlen kann, nicht zu entschuldigen. Denn das Unvermögen selbst ist Schuld, weil er nicht schuldig ist, es zu haben, oder vielmehr schuldig ist, es nicht zu haben; denn so wie es Schuld ist, nicht zu haben, was er zu haben schuldig ist, so ist es Schuld, zu haben, was er schuldig ist, nicht zu haben. Wie es also Schuld ist für den Menschen, jenes Vermögen, welches er empfangen hat, um die Sünde verhüten zu können, nicht zu haben, so ist es für ihn Schuld, das Unvermögen zu haben, durch welches er weder die Gerechtigkeit behalten und die Sünde verhüten, noch was er für die Sünde schuldig ist, erstatten kann. Denn der Verlust jenes Vermögens und der Fall in dieses Unvermögen ist eine Frucht seiner freien Tat. Es ist nämlich dasselbe, das Vermögen, welches er haben soll, nicht haben, und das Unvermögen, welches er nicht haben soll, haben. Deswegen entschuldigt das Unvermögen, Gott zu erstatten, was er schuldig ist, welches macht, daß er nicht erstattet, den Menschen nicht, wenn er nicht erstattet; weil die Wirkung der Sünde keine Entschuldigung findet durch die Sünde, welche er tut.[54]

Boso: Eine ebenso gewichtige, als notwendige Folgerung.

Anselm: Also ist der Mensch ungerecht, welcher Gott nicht erstattet, was er schuldig ist.

Boso: Es ist nur allzuwahr; denn ungerecht ist er, weil er es nicht erstattet, und ungerecht ist er, weil er es nicht erstatten kann.

Anselm: Kein Ungerechter aber wird zur Seligkeit zugelassen werden, weil die Seligkeit als die Genügsamkeit, in welcher kein Mangel ist, nur dem zukommt, in wel-

---

[54] Die Worte *quoniam effectum peccati non excusat peccatum quod facit* lassen eine zweifache Auslegung zu, je nachdem man *effectum* für den Akkusativ des Substant. *effectus* und als Objekt, oder für den Nominativ des Substant. *effectum* und als Subjekt des Satzes nimmt. Im ersten Fall heißt es: die Sünde, welche er tut, ist keine Entschuldigung für die Wirkung der Sünde; seine Tatsünde zeugt eben davon, daß der von der vorangehenden Sünde bewirkte sündliche Zustand immer wieder solche Früchte trägt, die den schon Verschuldeten in neue Schulden stürzen. Im zweiten Fall: Weil die Wirkung der Sünde keine Entschuldigung ist für die Sünde, welche er tut; das Unvermögen des Menschen, seine Schuld an Gott zu bezahlen, welches selbst eine Wirkung der Sünde ist, kann unmöglich für die nachfolgende Sünde, die es erst verursacht, eine Entschuldigung sein. – Beides gibt einen passenden Sinn.

chem eine so reine Gerechtigkeit ist, daß keine Ungerechtigkeit in ihm Raum findet.

Boso: Ich wage nicht, anders zu glauben.

Anselm: Wer also Gott nicht bezahlt, was er schuldig
ist, wird nicht selig sein können.

Boso: Auch diese Konsequenz kann ich nicht verneinen.

Anselm: Wenn du nun sagen willst, daß der barmher-
zige Gott dem demütig Bittenden erläßt, was er schuldig
ist, deshalb, weil er es nicht wieder geben kann, so kann er
im Sinn dieser Aussage entweder nur das erlassen, was der
Mensch freiwillig wieder geben muß und nicht kann, d. h.
einen Ersatz für die Sünde, welche er selbst um den Preis
der Erhaltung alles dessen, was nicht Gott ist (der ganzen
Schöpfung), nicht begehen dürfte: oder das, was er (Gott)
durch Strafe ihm wider seinen Willen hätte entreißen
sollen, wie ich oben bemerkt habe, d. i. die Seligkeit; wenn
er aber erläßt, was der Mensch freiwillig wieder geben
muß, deshalb, weil er es nicht wieder geben kann, so heißt
das nichts anderes, als Gott erläßt, was er nicht haben
kann; aber es ist ein Hohn, Gott eine solche Barmherzigkeit beizulegen. Dagegen, wenn er erläßt, was er
ihm wider seinen Willen entreißen wollte, wegen des
Unvermögens, wieder zu geben, was er aus freiem Antrieb
wieder geben muß, so läßt Gott die Strafe nach und
macht den Menschen selig wegen der Sünde, weil er hat,
was er nicht haben soll. Denn eben das Unvermögen soll
er nicht haben, und deswegen ist ihm jenes, so lange er es
ohne Genugtuung hat, Sünde; aber eine derartige Barm-

herzigkeit Gottes widerstrebt allzusehr der Gerechtigkeit desselben, welche nur die Strafe wegen der Sünde zu zahlen erlaubt. Deshalb ist es, wie es unmöglich ist, daß Gott mit sich selber in Gegensatz tritt, ebenso unmöglich, daß er in dieser Weise barmherzig ist.

Boso: Ich sehe, daß wir nach einer anderen Barmherzigkeit Gottes, als dieser, zu suchen haben.

Anselm: Es soll wahr sein: Gott vergibt dem, welcher nicht bezahlt, was er schuldig ist, deswegen, weil er nicht bezahlen kann.

Boso: So wünschte ich.

Anselm: Aber so lange er nicht bezahlen wird, wird er entweder bezahlen wollen oder nicht wollen. Wenn er nun wollen wird, was er nicht kann, wird er dürftig sein; wenn er aber nicht wollen wird, wird er ungerecht sein.

Boso: Nichts ist klarer, als dies.

Anselm: Mag er aber dürftig, mag er ungerecht sein, so wird er nicht selig sein.

Boso: Auch das ist offenbar.

Anselm: So lange er also nicht bezahlen wird, wird er nicht selig sein können.

Boso: Wenn Gott das Rechtsverfahren verfolgt, so gibt es kein Entrinnen für das elende Menschlein und die Barmherzigkeit Gottes scheint unterzugehen.

Anselm: Du hast Rechenschaft verlangt, so empfange Rechenschaft; daß Gott barmherzig sei, leugne ich nicht; er, der Menschen und Vieh erhält, wie er ja seine Barmherzigkeit groß gemacht hat. Wir aber sprechen von jener letzten Barmherzigkeit, durch welche er nach diesem

Leben den Menschen selig macht; daß diese Seligkeit nur dem gegeben werden darf, welchem die Sünden ganz und gar erlassen sind und daß dieser Erlaß nur nach Bezahlung der Schuld erfolgen kann, welche man für die Sünde nach der Größe der Sünde schuldig ist, glaube ich mit den oben aufgestellten Gründen zur Genüge bewiesen zu haben. Wenn es dir scheint, als ob man gegen diese Gründe etwas einwenden könne, so ist es deine Pflicht, dich auszusprechen.

Boso: Ich entdecke an keinem deiner Gründe irgendwelche Schwäche.

Anselm: Auch ich glaube dasselbe von ihnen, wenn sie recht angesehen werden; jedoch wenn selbst einer nur von allen, die ich aufgestellt habe, mit unüberwindlicher Wahrheit gestärkt wird, so muß er hinreichen. Denn mag durch einen oder durch mehrere Gründe die Wahrheit unbestritten bewiesen werden, so wird sie gleichsehr vor allem Zweifel geschützt.

25. Kapitel.

Daß der Mensch notwendigerweise durch Christus selig wird.

Boso: Siehe, so ist es. Wie wird also der Mensch selig sein, wenn er selbst weder bezahlt, was er schuldig ist, noch selig werden darf, wenn er es nicht bezahlt? Oder mit welcher Zuversicht wollen wir behaupten, daß der über menschliches Begreifen an Erbarmen reiche Gott diese Barmherzigkeit nicht tun kann?

Anselm: Das mußt du jetzt von denen fordern, welche Christus nicht für notwendig halten zu jenem Heil des Menschen, an deren statt du redest, daß sie sagen, wie der Mensch ohne Christus selig werden könne. Wenn sie es nun auf keine Weise können, mögen sie aufhören, uns zu verspotten und zu uns kommen und sich mit uns verbinden, die wir nicht zweifeln, daß der Mensch durch Christus selig werden könne; oder sie mögen daran verzweifeln, daß dies irgendwie geschehen könne. Wenn sie dagegen davor erschrecken, mögen sie mit uns an Christus glauben, damit sie selig werden können.

Boso: Ich werde dich fragen, wie ich angefangen habe, damit du mir zeigst, auf welche Weise der Mensch durch Christus selig wird.

Anselm: Wird nicht hinlänglich bewiesen, daß der Mensch durch Christus selig werden kann, wenn sogar die Ungläubigen nicht leugnen, daß der Mensch irgendwie selig werden könne und zur Genüge gezeigt ist, daß unter der Voraussetzung von dem Nichtsein Christi auf keine Weise das Heil des Menschen gefunden werden kann? Denn entweder wird der Mensch durch Christus oder auf eine andere oder auf keine Weise selig sein können: wenn es nun falsch ist, daß er dies auf keine oder auf irgendeine andere Weise sein kann, so muß er es notwendig durch Christus werden.

Boso: Wenn jemand, der den Grund sieht, daß er es auf eine andere Weise nicht sein kann, und nicht einsieht, auf welche Art er es durch Christus zu sein vermag, behaupten wollte, daß er es weder durch Christus noch irgendwie sein könnte, was werden wir diesem antworten?

Anselm: Was wird man jenem antworten müssen, der deshalb folgert, es sei unmöglich, was notwendig sein muß, weil er nicht weiß, wie es ist?

Boso: Daß er ein Tor ist.

Anselm: Also ist zu verachten, was er sagt.

Boso: Richtig; aber eben das muß ihm gezeigt werden, wie sehr in der Vernunft gegründet ist, was er für unmöglich hält.

Anselm: Führt dich nicht das oben Gesagte zu der Einsicht in die Notwendigkeit davon, daß einige Menschen zur Seligkeit gelangen? Denn wenn es der Würde Gottes widerspricht, den Menschen mit irgendeinem Makel zu dem Ziel zu führen, für welches er ihn ohne allen Makel geschaffen hat, damit es nicht den Schein hat, als ob er den guten Anfang bereute oder seinen Vorsatz nicht ausführen könnte; so ist es aus demselben Grund noch viel unmöglicher, daß kein Mensch den Zweck seiner Erschaffung erreicht. Darum muß die Genugtuung für die Sünde, wie sie nach unserer obigen Darlegung sein muß, entweder außerhalb des christlichen Glaubens gefunden werden, was keine Vernunft beweisen kann, oder unzweifelhaft als in ihm enthalten geglaubt werden. Denn was mit notwendigem Grund als wahrhaftig existierend erschlossen wird, das darf in keinen Zweifel gezogen werden, wenn auch der Grund des „Wie" seiner Existenz nicht begriffen wird.

Boso: Was du sagst, ist wahr.

Anselm: Was fragst du also weiter?

Boso: Nicht dazu bin ich gekommen, daß du mir den Zweifel an dem Glauben benimmst, sondern daß du mir den Grund meiner Gewißheit zeigst: wie du mich deshalb auf rationellem Wege dahin gebracht hast, zu sehen, daß der Mensch als Sünder das für die Sünde Gotte schuldig ist, was er nicht erstatten kann und ohne dessen Erstattung er nicht selig zu werden vermag: so will ich, magst du mich dahin bringen, zu begreifen, daß alle die Stücke, welche uns der katholische Glaube von Christus zu glauben vorschreibt, wenn wir wollen selig werden, nach vernünftiger Notwendigkeit sein müssen; welche Bedeutung sie haben in Bezug auf das Heil des Menschen, und wie Gott aus Erbarmen den Menschen selig macht, wenn er ihm die Sünde nicht anders erläßt, als daß dieser wieder gibt, was er um derselben willen schuldig ist; und um deinen Beweisführungen größere Gewißheit zu geben, hole so weit aus, daß du dieselben über einer festen Grundlage aufbaust.

Anselm: Gott helfe mir nun, weil du weder meiner schonst, noch die Schwäche meines Wissens in Betracht ziehst, indem du mir ein so großes Werk aufbürdest. Weil ich jedoch einmal angefangen habe, werde ich den Versuch machen, nicht auf mich, sondern auf Gott vertrauend, und tun, was ich mit seiner Hilfe kann. Aber damit dem geneigten Leser nicht dadurch ein Überdruß erregt wird, daß er zu lange auf dem Gang der Betrachtung ohne Unterbrechung fortgeführt wird, wollen wir zwischen das, was gesagt ist und noch zu sagen ist, die Grenzscheide eines neuen Anfanges setzen.

Cur Deus Homo

oder

Weshalb Gott Mensch wurde.

Zweites Buch.

1. Kapitel.

*Daß der Mensch von Gott gerecht geschaffen
ist, damit er durch die Freude an Gott selig wäre.*

Anselm: Daß das vernünftige Wesen von Gott gerecht geschaffen ist, um durch die Freude an ihm selig zu sein, darf nicht bezweifelt werden. Denn es ist deshalb vernünftig, daß es zwischen Gerecht und Ungerecht, zwischen Gut und Böse, zwischen dem größeren Gut und dem geringeren Gut einen Unterschied mache; sonst würde es umsonst vernünftig geschaffen sein. Aber Gott hat es nicht umsonst vernünftig geschaffen. Daher ist kein Zweifel, daß es zu diesem Zweck vernünftig geschaffen sei. Ebenso läßt sich beweisen, daß es das Vermögen der Unterscheidung zu dem Zweck empfangen hat, das Böse zu hassen und zu vermeiden, das Gute zu lieben und zu erwählen, das größere Gut aber noch mehr zu schätzen und zu erwählen. Denn anders hätte ihm Gott umsonst jenes Unterscheidungsvermögen gegeben; weil es ohne Grund unterschiede, wenn es nicht zufolge der Unterscheidung liebte und miede. Aber es paßt sich nicht, daß

Gott eine so große Kraft vergeblich gegeben haben soll. Daher ist das vernünftige Wesen ganz gewiß zu dem Zweck geschaffen worden, daß es das höchste Gut über alles liebte und erwählte, nicht um eines anderen, sondern um seiner (des höchsten Gutes) selbst willen; denn wenn es dasselbe um eines anderen willen liebt, so liebt es nicht es selbst, sondern ein anderes. Aber dies kann nur ein gerechtes Wesen tun. Damit also das genannte Wesen nicht umsonst vernünftig sei, ist es für seinen Zweck zugleich vernünftig und gerecht geschaffen. Wenn es nun, um das höchste Gut zu wählen und zu lieben, gerecht geschaffen ist, ist es so geschaffen, damit es einst erlangen sollte, was es liebte und erkor, oder nicht. Wenn es aber nicht dazu gerecht geschaffen ist, daß es, was es so liebt und erwählt, erreicht, ist es umsonst so geschaffen, daß es jenes so liebt und erwählt; und es wird kein Grund vorhanden sein, warum es jenes einmal erreichen müßte. So lange es also durch das Lieben und Erwählen des höchsten Gutes das Gerechte tun wird, wozu es geschaffen ist, wird es elend sein, weil es gegen seinen Willen dürftig sein wird, indem es nicht erlangt, wonach es verlangt; was eine zu große Ungereimtheit ist. Deswegen ist das vernünftige Wesen gerecht geschaffen, damit es durch die Freude an dem höchsten Gut, d. i. Gott, selig wäre; also ist der Mensch, der ein vernünftiges Wesen ist, zu dem Zweck gerecht geschaffen, daß er durch die Freude an Gott selig sein soll.

2. Kapitel.

Daß der Mensch nicht
sterben würde, wenn er nicht gesündigt hätte.

Anselm: Daß der Mensch aber so geschaffen ist, daß er aus Notwendigkeit nicht zu sterben braucht, läßt sich leicht damit beweisen, weil es, wie wir schon gesagt haben, der Weisheit und Gerechtigkeit Gottes widerstreitet, daß er den Menschen, welchen er in Rücksicht auf die ewige Seligkeit gerecht geschaffen hat, zwingen sollte, den Tod ohne Schuld zu leiden. Demnach folgt, daß er niemals sterben würde, wenn er niemals gesündigt hätte.

3. Kapitel.

Daß der Mensch mit dem Leib, in
welchem er im diesseitigen Leben lebt, auferstehen wird.

Anselm: Daraus wird offenbar die dereinstige Auferstehung der Toten bewiesen. Wenn nämlich der Mensch vollkommen wieder hergestellt werden soll, muß er so wieder gebracht werden, wie er gewesen sein würde, wenn er nicht gesündigt hätte.

Boso: Anders kann es nicht sein.

Anselm: Wie also der Mensch, wenn er nicht gesündigt hätte, mit ebendemselben Körper, den er trug, in die Unverweslichkeit hätte verwandelt werden müssen, so muß er, wenn er wieder hergestellt wird, mit seinem Leib, in welchem er in diesem Leben lebt, wieder hergestellt werden.

Boso: Was werden wir antworten, wenn jemand behauptete, daß dies mit denen geschehen muß, in welchen das Menschengeschlecht wieder hergestellt wird, nicht aber notwendig mit den Verworfenen?

Anselm: Keine Vorstellung kommt der Gerechtigkeit oder der Billigkeit näher, als diese: Wie der Mensch, wenn er in der Gerechtigkeit beständig geblieben wäre, ganz, d. h. an Seele und Leib ewig selig wäre, so ist er, wenn er in der Ungerechtigkeit verharrt, gleicherweise ganz in Ewigkeit unselig.

Boso: Du hast mir mit kurzen Worten über diesen Punkt Genüge getan.

4. Kapitel.

Daß Gott an dem menschlichen
Wesen vollenden wird, was er angefangen hat.

Anselm: Hieraus kann man leicht erkennen, daß Gott entweder das aus dem menschlichen Wesen machen wird, was er angefangen hat, oder er hat ein so erhabenes Wesen vergeblich zu einem so großen Gut geschaffen. Wenn dagegen anerkannt wird, daß Gott nichts Kostbareres geschaffen hat, als die vernünftige Wesenheit, um sich an ihr zu erfreuen, so liegt es ihm sehr fern, irgendein vernünftiges Wesen gänzlich verlorengehen zu lassen.

Boso: Ein vernünftiges Herz kann nicht anders glauben.

Anselm: Also ist notwendig, daß er aus dem menschlichen Wesen vollkommen das macht, was er angefangen hat; das kann aber, wie wir gesagt haben, nur durch vollständige Genugtuung für die Sünde geschehen, welche kein Sünder leisten kann. Ich sehe jetzt ein, wie notwendig die Vollendung dessen, was Gott angefangen hat, ist, damit er nicht, anders als sich ziemt, von seinem Anfang abfällig zu werden scheint.

5. Kapitel.

Obgleich dies notwendig geschehen muß, wird Gott es doch nicht aus Zwang der Notwendigkeit tun; ferner was für eine Notwendigkeit den Dank wegnimmt oder vermindert, und was für eine Notwendigkeit ihn vermehrt.

Boso: Aber wenn es sich so verhält, scheint Gott zur Ausrichtung des menschlichen Heiles gleichsam durch die Notwendigkeit, das seinem eigenen Wesen Widersprechende zu meiden, gezwungen zu werden. Wie wird also geleugnet werden können, daß er dies mehr seinet-, als unseretwegen tut? Doch wenn es so ist, welchen Dank sind wir ihm schuldig für das, was er um seiner selbst willen tut? Wie wollen wir auch unser Heil seiner Gnade anrechnen, wenn er uns aus Notwendigkeit selig macht?

Anselm: Es gibt eine Notwendigkeit, welche dem Wohltäter den Dank entzieht oder vermindert, und eine

Notwendigkeit, vermöge welcher der Wohltat ein größerer Dank gebührt. Denn wenn einer aus der Notwendigkeit, welcher er unfreiwillig unterliegt, wohltut, so gebührt ihm entweder kein oder ein geringerer Dank. Wenn er aber selbst sich freiwillig der Notwendigkeit des Wohltuns unterwirft und dieselbe nicht wider Willen übernimmt, dann verdient er jedenfalls einen größeren Dank für die Wohltat. Denn dieses Wohltun ist nicht Notwendigkeit zu nennen, sondern Gnade, weil er es nicht aus Zwang übernommen hat oder hält, sondern aus Freigebigkeit. Wenn du das, was du heute aus freien Stükken versprichst, morgen geben zu wollen, mit demselben Willen morgen gibst, so ist der Empfänger, trotz der Notwendigkeit, daß du morgen das Versprochene ihm einhändigst, wenn du kannst, oder lügst, dir doch nicht weniger für die erwiesene Wohltat verbunden, als wenn du sie nicht versprochen hättest, weil du nicht gezwungen worden bist, dich vor der Zeit des Gebens ihm zum Schuldner zu machen. Ähnlich ist es, wenn jemand den Vorsatz eines heiligen Wandels durch ein freiwilliges Gelübde ausspricht. Denn wiewohl er ihn notgedrungen nach dem Gelübde halten muß, damit er nicht als ein Abtrünniger sein Urteil empfängt, und obgleich er gezwungen werden könnte, wenn er es nicht halten wollte, so ist er doch, wenn er das Gelübde willig und von Herzen hält, Gott nicht weniger, sondern mehr angenehm, als wenn er gar kein Gelübde getan hätte; weil er nicht allein das profane Leben, sondern auch die Ungebundenheit desselben um Gottes willen sich versagt hat; und man darf nicht sagen, daß er aus Notwendigkeit heilig lebt, sondern in der Freiheit, mit welcher er das Gelübde übernommen hat. Deshalb müssen wir um so viel mehr, wenn Gott dem Menschen das Gute tut, was er angefangen hat, obschon sich's nicht für ihn schickt, daß er von dem guten Anfang abläßt, dasselbe ganz der Gnade zuschreiben, weil er, der Allgenügsame, es unseretwegen, nicht seinetwegen angefangen hat. Denn es war ihm nicht verborgen, was der Mensch tun würde, als er ihn gemacht hatte, und doch verpflichtete er sich, während er ihn schuf, gewissermaßen durch seine Güte freiwillig, den guten Anfang zu vollenden. Endlich tut Gott nichts aus Notwendigkeit, weil er in keiner Weise gezwungen oder verhindert wird, etwas zu tun. Und wenn wir sagen, daß Gott etwas tue aus der Notwendigkeit, das Schlechte zu meiden, wovor er sich durchaus nicht fürchtet, so ist darunter eher zu verstehen, daß er es aus der Notwendigkeit, das Gute zu erhalten, tut; welche Notwendigkeit nichts anderes, als die Unwandelbarkeit seiner Güte ist, die er von sich selbst und nicht von einem anderen hat; und eben darum gebraucht man den Ausdruck „Notwendigkeit" uneigentlich. Wir wollen jedoch sagen, daß es notwendig ist, daß Gottes Güte wegen ihrer Unveränderlichkeit an dem Menschen das begonnene Werk vollende, obgleich das Gute, welches er tut, ganz Gnade ist.

Boso: Ich gebe es zu.

6. Kapitel.

*Daß die Genugtuung, durch welche
der Mensch selig wird, nur der Gottmensch leisten kann.*

Anselm: Das kann aber nicht geschehen, wenn es keinen gibt, der Gott für die Sünde des Menschen etwas größeres bezahlt, als alles, was außer Gott ist.

Boso: So steht fest.

Anselm: Auch jener, der von dem Seinen Gott etwas wird geben können, das alles übertrifft, was unter Gott ist, muß notwendig größer sein, als alles, was nicht Gott ist.

Boso: Ich kann das nicht leugnen.

Anselm: Nichts aber steht über allem, was Gott nicht ist, als Gott.

Boso: Es ist wahr.

Anselm: Daher kann diese Genugtuung nur Gott leisten.

Boso: So folgt.

Anselm: Aber es darf sie nur der Mensch leisten, sonst ist es der Mensch nicht, der genugtut.

Boso: Nichts scheint billiger.

Anselm: Wenn also, so wie feststeht, es notwendig ist, daß durch die Menschen jener obere Staat vollendet wird, und das nicht sein kann, ohne daß die vorhergenannte Genugtuung geleistet wird, welche nur Gott leisten kann und nur der Mensch leisten muß, so ist notwendig, daß sie ein Gottmensch leistet.

Boso: Gelobt sei Gott! Schon finden wir etwas Großes in Ansehung unserer Frage; fahre also fort, wie du angefangen hast. Denn ich hoffe, daß uns Gott helfen wird.

7. Kapitel.

Die Notwendigkeit, daß ebenderselbe Gottmensch vollkommener Gott und vollkommener Mensch sei.

Anselm: Nun ist zu erforschen, wie ein Gottmensch entstehen kann. Denn die göttliche und menschliche Natur können nicht ineinander verwandelt werden, so daß die göttliche zur menschlichen und die menschliche zur göttlichen würde; noch so vermischt werden, daß aus beiden eine dritte hervorgeht, welche weder ganz göttlich, noch menschlich wäre. Endlich, wenn es dahin kommen könnte, daß die eine in die andere verwandelt würde, wäre er entweder nur Gott und nicht Mensch, oder bloß Mensch und nicht Gott. Oder wenn sie so gemischt würden, daß aus der Fälschung beider eine dritte entstände (wie aus zwei tierischen Einzelwesen verschiedener Gattungen, dem Männchen und Weibchen, ein drittes erzeugt wird, das weder des Vaters noch der Mutter vollständiges Wesen erhält, sondern ein aus beiden gemischtes drittes, wäre er weder Mensch, noch Gott. Der Gottmensch also, den wir als aus der göttlichen und menschlichen Natur bestehend suchen, kann also weder durch die Verwandlung der einen in die andere, noch durch die fälschende Vermischung beider in eine dritte sein Wesen haben; weil dieses unmöglich ist, oder wenn es möglich wäre, keine Bedeutung hätte für das, was wir suchen. Wenn aber in willkürlicher Weise diese zwei Naturen vollständig so sollen verbunden sein, daß dennoch ein anderer der Mensch, ein anderer der Gott ist, und der nicht zugleich Gott ist, der Mensch ist, so ist es unmöglich, daß beide tun, was notwendig getan werden muß. Denn der Gott wird es nicht tun, weil er nicht muß, und der Mensch wird es nicht tun, weil er nicht kann; damit also dies der Gottmensch tue, muß ebenderselbe vollkommener Gott und vollkommener Mensch sein, der diese Genugtuung leisten will; weil dieselbe nur ein wahrer Gott leisten kann und nur ein wahrer Mensch leisten muß. Weil demzufolge unter Wahrung der Vollständigkeit beider Naturen der Gottmensch notwendig gefunden werden muß, so ist es nicht weniger notwendig, daß diese zwei Naturen vollständig zu einer Person zusammengehen, wie der Körper und die vernünftige Seele in einen Menschen zusammengehen; denn anders kann es nicht geschehen, daß ein und derselbe vollkommener Gott und vollkommener Mensch sei.

Boso: Mir gefällt durch und durch, was du sagst.

8. Kapitel.

Daß Gott den Menschen aus dem Geschlecht
Adams und von einer Jungfrau annehmen muß.

Anselm: Jetzt bleibt zu fragen übrig, woher und wie Gott die menschliche Natur annehmen wird. Denn entweder wird er sie von Adam annehmen, oder einen neuen Menschen machen, wie er Adam aus keinem anderen Menschen gemacht hat. Aber wenn er einen neuen Menschen macht, nicht von Adams Geschlecht, so wird er dem menschlichen Geschlecht nicht angehören, welches von Adam entsprungen ist; daher wird er für dasselbe nicht genugtun dürfen, weil er nicht aus ihm ist. Denn wie es recht ist, daß für die Schuld des Menschen der Mensch genugtut, so ist es notwendig, daß der Genugtuende derselbe ist, wie der Sünder, oder von ebendemselben Geschlecht; sonst wird weder Adam, noch sein Geschlecht für sich genugtun. Wie daher von Adam und Eva die Sünde auf alle Menschen fortgepflanzt ist, so darf keiner, außer entweder sie selbst oder einer, der von ihnen durch Geburt abstammt, für die Sünde der Menschen genugtun. Weil also jene nicht können, ist es notwendig, daß der, welcher dies tun soll, von ihnen herkommt. Ferner, so wie Adam und sein ganzes Geschlecht durch sich selbst bestanden wären, ohne die Hilfe einer anderen Kreatur, wenn sie nicht gesündigt hätten, so muß ebendasselbe Geschlecht, wenn es nach dem Fall wieder aufsteht, durch sich selbst wieder aufstehen und aufgerichtet werden. Denn durch wen es auch immer wieder zum Stehen gebracht wird, es wird immer durch den stehen, durch welchen es seinen Standpunkt wieder erlangt. Auch Gott, als er das menschliche Wesen ursprünglich schuf in Adam allein, und, damit aus beiden Geschlechtern die Menschen sich mehrten, das Weib nur von ihm machen wollte, hat deutlich bewiesen, daß er nur aus Adam hat machen wollen, was er aus dem menschlichen Wesen zu machen Willens war. Wenn deswegen das Geschlecht Adams durch einen Menschen wieder aufgerichtet wird, welcher nicht von demselben Geschlecht ist, so wird es nicht zu der Würde, welche es würde erhalten haben, wenn Adam nicht gesündigt hätte, und darum nicht vollständig hergestellt werden, und Gottes Vorsatz scheint außer Kraft zu treten, was beides ungereimt ist; also ist notwendig, daß aus Adams Samen der Mensch angenommen wird, durch welchen das Geschlecht Adams wieder hergestellt werden soll.

Boso: Wenn wir der Vernunft folgen, wie wir uns vorgenommen haben, muß dies unvermeidlich der Fall sein.

Anselm: Wir wollen jetzt nachforschen, ob Gott die Menschennatur von dem Vater und von der Mutter annehmen muß, wie es bei den anderen Menschen ist, oder von einem Mann ohne Weib, oder von einem Weib ohne Mann. Denn auf welche von diesen drei Weisen sie nur immer ins Dasein tritt, so wird sie von Adam und von Eva sein, von denen jeder Mensch beiderlei Geschlechtes herkommt, und keine von diesen drei Weisen ist für Gott leichter als die andere, so daß die menschliche Natur vorzugsweise auf die Weise müßte angenommen werden.

Boso: Du machst einen guten Fortschritt.

Anselm: Aber es bedarf nicht vieler Arbeit, nachzuweisen, daß jener Mensch reiner und herrlicher aus einem Mann oder einem Weib allein erzeugt werden wird, als aus der Vermischung beider, wie alle übrigen Menschenkinder.

Boso: Es genügt.

Anselm: Entweder ist er also in der Abstammung bloß von einem Mann oder bloß von einem Weib anzunehmen.

Boso: Anders woher unmöglich.

Anselm: Auf vier Arten kann Gott den Menschen machen: entweder aus einem Mann und einer Frau, so wie der beständige Brauch zeigt; oder weder aus einem Mann, noch aus einer Frau, wie er Adam geschaffen hat; oder aus einem Mann ohne eine Frau, wie er Eva gemacht hat; oder aus einer Frau ohne einen Mann, was er noch nicht getan hat. Um also den Beweis zu führen, wie auch diese Art in seiner Macht steht und zu diesem Werk eben aufgehoben ist, so ist nichts angemessener, als daß er jenen Menschen, den wir suchen, von einem Weib ohne Mann annimmt. Ob aber dies von einer Jungfrau oder einer Nichtjungfrau würdevoller geschieht, ist nicht nötig abzuhandeln, sondern ohne allen Zweifel muß behauptet werden, daß der Gottmensch von einer Jungfrau geboren werden muß.

Boso: Du sprichst nach meiner Herzensmeinung.

Anselm: Ist das, was wir gesagt haben, fest, oder etwas nichtiges, wie eine Wolke, laut dem uns von den Ungläubigen gemachten Vorwurf, den du anführtest?

Boso: Nichts ist fester.

Anselm: Male also nicht auf eine ersonnene Nichtigkeit, sondern auf eine feste Wahrheit und bekenne, wie sehr es zusammenstimmt, daß, wie des Menschen Sünde und die Ursache unserer Verdammnis von einem Weib den Anfang genommen hat, so die Arznei der Sünde und die Ursache unserer Erlösung von einem Weib geboren wird; und damit nicht die Weiber an ihrer Angehörigkeit zu dem Los der Seligen verzweifeln, weil von einem Weib ein so großes Übel ausgegangen ist, muß zur Wiedererweckung ihrer Hoffnung von einem Weib ein so großes Gut ausgehen. Male dir auch dies aus: Wenn es eine Jungfrau war, welche dem menschlichen Geschlecht die Ursache des ganzen Bösen gewesen ist, so ziemt es sich vielmehr, daß es eine Jungfrau sei, welche die Ursache des gesamten Guten ist. Male dir auch dies aus: Wenn ein Weib, welches Gott aus einem Mann ohne Frau gemacht hat, aus einem Junggesellen geworden ist, so steht es ganz damit im Einklang, daß auch ein Mann, der aus einem Weib seinen Ursprung nimmt, ohne Mann von einer Jungfrau geboren wird. Doch von den Gemälden, welche auf dem Grund können ausgeführt werden, daß der Gottmensch von einer Jungfrau geboren werden muß, mögen diese hier vor der Hand genügen.

Boso: Diese Gemälde sind sehr schön und vernünftig.

9. Kapitel.

*Daß allein das Wort und der
Mensch zu einer Person zusammengehen müssen.*

Anselm: Jetzt ist auch zu fragen, in welcher Person Gott, der drei Personen ist, den Menschen annehme. Denn mehrere Personen können nicht einen und denselben Menschen in die Einheit der Person aufnehmen. Darum muß dies nur in einer Person geschehen. Aber über diese Einheit der Person Gottes und des Menschen und in welcher Person Gottes dies vorzugsweise geschehen müsse, habe ich in der an den Papst Urban gerichteten Epistel[55] von der Fleischwerdung des Wortes, so viel ich für die gegenwärtige Nachforschung zulänglich glaube, gesprochen.

Boso: Berühre jedoch hier kurz, weshalb eher die Person des Sohnes, als die des Vaters oder des Heiligen Geistes Fleisch werden müsse?

Anselm: Wenn eine andere Person Mensch werden soll, werden zwei Söhne in der Dreieinigkeit sein, der Sohn Gottes, welcher auch vor der Menschwerdung Sohn ist, und jener, der durch die Menschwerdung der Sohn der Jungfrau ist; und es wird in den Personen, welche immer

---

[55] Die hier angeführte Epistel an den Papst Urban ist die Schrift Anselms über die Heilige Dreieinigkeit, welche er 1093 verfaßt hat, um den Tritheismus Roscelins zu widerlegen. Der vollständige Titel des Buches heißt: *Liber de fide Trinitatis et de incarnatione Verbi contra blasphemias Ruzelini Compendiensis.*

gleich sein müssen, eine Ungleichheit nach der Würde der Geburt stattfinden. Denn der aus Gott Geborene wird eine würdigere Geburt haben, als der aus der Jungfrau Geborene. Ebenso wenn der Vater sollte Mensch geworden sein, würden zwei Enkel in der Dreieinigkeit sein, weil der Vater ein Enkel der Eltern der Jungfrau durch Annahme des Menschen sein würde, und das Wort, obgleich es nichts vom Menschen hat, dennoch ein Enkel der Jungfrau wäre, denn es wäre der Sohn ihres Sohnes; was alles unpassend ist und bei der Menschwerdung des Wortes nicht vorkommt. Es gibt noch einen anderen Grund, warum es eher dem Sohn, als den anderen Personen zukommt, Mensch zu werden: es klingt nämlich besser, der Sohn bete zum Vater, als eine andere Person zu einer anderen. Desgleichen hatten der Mensch, für welchen er Fürbitte tun, und der Teufel, welchen er überwinden wollte, beide eine falsche Gottähnlichkeit durch den eigenen Willen sich angemaßt. Daher haben sie ganz speziell gegen die Person des Sohnes gesündigt, der für das wahre Ebenbild Gottes gehalten wird. Somit wird dem, welchem ganz speziell die Beleidigung angetan wird, am passendsten die Strafe oder der Erlaß der Schuld zugeschrieben. Weil uns demnach ein unumgänglicher Grund dahin geführt hat, daß es notwendig sei, daß die göttliche und menschliche Natur in eine Person zusammengehen, und das nicht vorkommen kann bei mehreren Personen Gottes, sondern offenbar eher für ein Werk des Wortes, als der anderen Personen angesehen wird; so ist notwendig, daß „Gott das Wort" und „der Mensch" in eine Person zusammengehen.

Boso: Der Weg, auf dem du mich führst, ist überall so mit Vernunft gebahnt, daß ich weder zur Rechten noch zur Linken eine Ausweichung sehe.

Anselm: Nicht ich führe dich, sondern der, von welchem wir reden, ohne den wir nichts können, führt uns allenthalben, wo wir den Weg der Wahrheit behalten.

10. Kapitel.

Daß ebenderselbe Mensch nicht aus Schuld stirbt, und wie es ihm möglich oder unmöglich ist, zu sündigen, und warum er oder ein Engel wegen seiner Gerechtigkeit gelobt werden muß, obgleich ihnen die Sünde eine Unmöglichkeit ist.

Anselm: Ob aber jener Mensch aus Schuld sterben wird, wie alle anderen Menschen aus Schuld sterben, dürfen wir nicht erfragen; sondern wenn Adam nicht würde gestorben sein, falls er nicht gesündigt hätte, so wird um so viel mehr jener den Tod nicht zu leiden brauchen, in dem keine Sünde sein kann, weil er Gott ist.

Boso: Bei diesem Punkt wünsche ich, daß du eine kleine Weile stehen bleibst; denn mag man nun sagen, er könne oder könne nicht sündigen, so entsteht mir in beiden Fällen eine nicht unwichtige Frage. Denn wenn man sagt, er könne nicht sündigen, so scheint man das schwerlich glauben zu dürfen; um nämlich nur einen Augenblick zu sprechen nicht als von einem, der niemals existiert hat, wie wir bisher getan haben, sondern als von dem, dessen Person und Taten wir kennen: wer sollte leugnen, daß er viele Dinge, welche wir Sünde nennen, habe tun können? Wie werden wir, anderes zu verschweigen, behaupten, er habe nicht können lügen, was auf alle Fälle Sünde ist? Denn da er zu den Juden vom Vater sagt: „Wenn ich würde sagen, ich kenne ihn nicht, so würde ich ein Lügner, gleich wie ihr"[56]; und unter diesen Worten sagt: „ich kenne ihn nicht", wer sollte behaupten: daß er ebendieselben drei Worte (allein) nicht habe vorbringen können, oder in anderen Ausdrücken, so daß er also sagte: „ich kenne ihn nicht?" Wenn er dieses täte, wäre er, wie er selbst sagt, ein Lügner, d. h. ein Sünder. Weil er dies nun konnte, konnte er sündigen.

Anselm: Dies konnte er sagen und doch konnte er nicht sündigen.

Boso: Beweise es.

Anselm: Alles Können folgt dem Willen. Denn wenn ich sage, ich kann sprechen oder wandeln, so versteht man dabei, wenn ich will. Denn wenn der Wille nicht dabei gedacht wird, ist es nicht ein Können, sondern eine Notwendigkeit.[57] Sage ich, daß ich ohne meinen Willen gezogen oder besiegt werden kann, so ist das nicht mein Können, sondern eine Notwendigkeit und das Können des anderen: und ich kann gezogen oder besiegt werden

---

[56] Joh. 8, 55.
[57] Notwendigkeit (*necessitas*) im Gegensatz zu (*potestas*) dem Können, s. v. a. ein Müssen.

bedeutet nichts anderes, als ein anderer kann mich ziehen oder besiegen. Wir können daher von Christus sagen, daß er lügen konnte, den Nebengedanken vorausgesetzt, wenn er wollte: und weil er ohne seinen Willen nicht lügen konnte und auch nicht konnte lügen wollen, kann man ebensogut sagen, er habe nicht lügen können. So konnte er also lügen und konnte es nicht.

Boso: Nun laß uns wieder den anfänglichen Weg unserer Untersuchung über ihn betreten, nach welchem wir von seinem Dasein absahen. Ich behaupte nun, wenn er nicht sündigen kann, weil er, wie du sagst, es nicht wollen kann, wird er aus Notwendigkeit an der Gerechtigkeit halten und darum nicht aus freier Selbstentscheidung gerecht sein. Was für Dank wird ihm demnach für seine Gerechtigkeit gebühren? Wir pflegen ja zu sagen, Gott habe deshalb den Engel und den Menschen so gemacht, daß sie sündigen konnten, damit sie, wenn sie die Gerechtigkeit verlassen konnten und sie aus freier Selbstentscheidung hielten, Dank und Lob verdienten, welche ihnen, wenn sie aus Notwendigkeit gerecht wären, nicht zukommen würden.

Anselm: Sind nicht die Engel, welche eben jetzt nicht sündigen können, zu loben?

Boso: Sie sind es jedenfalls, weil sie das, was sie eben jetzt nicht können, dadurch verdient haben, daß sie konnten und nicht wollten.

Anselm: Was sagst du von Gott, der nicht sündigen kann und dieses Nichtkönnen nicht durch das Sündigen-können, womit er die Sünde von sich ausgeschlossen hat, verdiente: ist er nicht für seine Gerechtigkeit zu loben?

Boso: Hier wünsche ich, magst du für mich antworten; denn wenn ich sage, er sei nicht zu loben, so weiß ich, daß ich lüge; wenn ich aber sage, er sei zu loben, so fürchte ich den Grund, welchen ich von den Engeln angeführt habe, zu entkräften.

Anselm: Die Engel sind wegen ihrer Gerechtigkeit nicht zu loben, weil sie sündigen konnten, sondern weil sie dadurch (durch die Möglichkeit des Sündigens) gewissermaßen es von sich selbst haben, daß sie nicht sündigen können[58]; in dieser Beziehung haben sie mit Gott eine gewisse Ähnlichkeit, welcher alles, was er hat, von sich selbst hat. Denn man sagt, daß der etwas gibt, welcher nicht nimmt, wenn er kann; und daß derjenige bewirkt, daß etwas sei, welcher, obgleich er bewirken kann, daß eben dasselbe nicht sei, es doch nicht bewirkt. Wenn daher ein Engel sich die Gerechtigkeit nehmen konnte und hat sie nicht genommen, und bewirken konnte, daß er nicht gerecht wäre und hat es nicht bewirkt, so behauptet man von ihm mit Recht: er hat sich selbst die Gerechtigkeit gegeben und hat sich selbst zu einem Gerechten gemacht.

---

[58] *Sed quia per hoc (peccare posse) quodammodo a se habent quod peccare nequeunt.* Die Engel sind deshalb zu loben, weil sie das Nicht-mehr-sündigen-können sich durch das Sündigen-können gewissermaßen selbst errungen haben. Denn sie haben kraft ihrer Selbstbestimmung die Möglichkeit der Sünde nicht zur Wirklichkeit werden lassen. Also war ihnen das Sündigen-können die negative Bedingung, unter welcher sie zur positiven Heiligkeit gelangten, der das Sündigen eine Unmöglichkeit ist.

Auf diese Weise hat er also die Gerechtigkeit von sich selbst (weil sie die Kreatur anders nicht von sich selbst haben kann) und deswegen ist er um seiner Gerechtigkeit willen zu loben, und nicht durch Notwendigkeit, sondern durch Freiheit gerecht; weil man uneigentlich da von Notwendigkeit redet, wo weder ein Zwang, noch eine Abhaltung stattfindet. Da nun Gott alles, was er hat, vollkommen von sich selbst hat, ist er am meisten zu loben um des Guten willen, was er hat, und bewahrt nicht durch irgendeine Notwendigkeit, sondern, wie ich oben bemerkte, durch eigene und ewige Unwandelbarkeit. So wird also jener Mensch, der ebenfalls zugleich Gott ist, weil er alles Gute, das er hat, von sich selbst hat, nicht durch Notwendigkeit, sondern durch Freiheit und von sich selbst gerecht sein, und ebendeshalb Lob verdienen. Denn wenngleich die menschliche Natur von der göttlichen hat, was sie hat, so hat er doch ebendasselbe von sich selbst (weil die zwei Naturen eine Person sind).

Boso: Du hast mir von dieser Seite Genüge getan; nun sehe ich deutlich ein, daß er nicht sündigen kann und dennoch um seiner Gerechtigkeit willen zu loben ist. Aber jetzt achte ich für notwendig, zu fragen, warum Gott, da er einen solchen Menschen machen konnte, die Engel und die beiden ersten Menschen nicht so gemacht hat, daß sie gleicherweise nicht sündigen konnten, und um ihrer Gerechtigkeit willen gelobt werden mußten?

Anselm: Verstehst du, was du sagst?

Boso: Ich glaube es zu verstehen und frage deshalb: warum hat er sie nicht so gemacht?

Anselm: Weil es weder geschehen konnte, noch durfte, daß ein jeder von ihnen ebenderselbe wie Gott war, wie wir von jenem Menschen behaupten; und wenn du fragst, warum er nicht aus so vielen, als göttliche Personen sind, oder wenigstens aus einem einzigen das gemacht hat, so antworte ich: weil die Vernunft diese Tat damals durchaus nicht erforderte, sondern gänzlich verbot (denn Gott tut nichts ohne Vernunft).

Boso: Ich erröte über meine Frage; sag, was du sagen wolltest.

Anselm: Wir wollen nun sagen, daß er nicht wird sterben müssen, weil er kein Sünder ist.

Boso: Ich muß es zugeben.

11. Kapitel.

Daß der Gottmensch aus seiner eigenen Macht stirbt und daß die Sterblichkeit nicht zur reinen Natur des Menschen gehört.

Anselm: Jetzt aber bleibt zu erforschen übrig, ob er nach der menschlichen Natur sterben kann; denn nach der göttlichen ist er immer unvergänglich.

Boso: Warum sollen wir daran zweifeln, da er wahrer Mensch sein wird und jeder Mensch von Natur sterblich ist?

Anselm: Ich glaube nicht, daß die Sterblichkeit zur reinen, sondern vielmehr, daß sie zur verderbten Natur des Menschen gehört. Wenn der Mensch niemals gesündigt hätte und seine Unsterblichkeit wäre unwandelbar befestigt worden, so würde er doch nicht weniger wahrer Mensch sein; und wann die Sterblichen in Unverweslichkeit auferstehen, werden sie nicht weniger wahre Menschen sein; denn wenn zur Wahrheit der menschlichen Natur die Sterblichkeit gehörte, könnte es unter keiner Bedingung einen Menschen geben, der unsterblich wäre: daher gehört zur Reinheit der menschlichen Natur weder die Vergänglichkeit, noch die Unvergänglichkeit, weil keine von beiden den (Begriff des) Menschen macht oder zerstört, sondern die eine zu seiner Unseligkeit, die andere zu seiner Seligkeit beiträgt. Aber weil es keinen Menschen gibt, der nicht stürbe, deshalb wird der Moment „sterblich" in der Begriffsbestimmung des Menschen von den Philosophen mit gesetzt, welche nicht geglaubt haben, daß der ganze Mensch einst habe unsterblich sein können oder daß er es noch sein könne.[59] Deswegen reicht für den Beweis, daß jener Mensch sterblich sein müsse, das nicht aus, daß er ein wahrer Mensch sein soll.

Boso: Suche also du einen anderen Grund, weil ich ihn nicht weiß, wenn du ihn nicht weißt, durch den bewiesen wird, daß jener sterben könne.

Anselm: Es ist kein Zweifel, daß er, wie er Gott ist, so auch allmächtig ist.

---

[59] Die Philosophen, welche Anselm im Sinn hat, definieren nach dem Vorgang des Aristoteles: der Mensch ist ein mit Vernunft begabtes sterbliches Wesen.

Boso: Das ist wahr.

Anselm: Wenn er also will, wird er sein Leben lassen und wiederum nehmen können.

Boso: Wenn er dieses nicht kann, scheint er nicht allmächtig zu sein.

Anselm: Er wird also niemals sterben können, wenn er will, und er wird sterben und auferstehen können. Mag er aber sein Leben lassen, ohne daß ein anderer dahin wirkt, oder mag ein anderer dahin wirken, daß er es läßt mit eigener Zulassung, so macht das in Rücksicht auf sein Können keinen Unterschied.

Boso: Es ist kein Zweifel.

Anselm: Wenn er es also zulassen will, wird er getötet werden können; und wenn er es nicht will, wird er nicht können (getötet werden).

Boso: Zu diesem Ergebnis führt uns unausweichlich die Vernunft.

Anselm: Die Vernunft hat uns auch gelehrt, daß er etwas Größeres haben muß, als alles das, was unter Gott steht, um es Gott freiwillig und nicht nach Schuldigkeit zu geben.

Boso: So ist es.

Anselm: Dieses kann aber weder unter ihm, noch außer ihm gefunden werden.

Boso: Es ist wahr.

Anselm: Es muß daher in ihm selbst gefunden werden.

Boso: So folgt.

Anselm: Er wird also entweder sich selbst oder etwas von sich geben.

Boso: Ich kann mir es nicht anders denken.

Anselm: Nun ist zu fragen, von welcher Art dieses Geben wird sein müssen. Denn er wird weder sich selbst, noch etwas von sich Gott als einem Nichtbesitzenden geben können, um sein zu werden; weil alle Kreatur Gottes ist.

Boso: So ist es.

Anselm: Dieses Geben wird also so zu verstehen sein, daß er sich oder etwas von sich zur Ehre Gottes opfert in einer Beziehung, nach welcher er nicht sein Schuldner ist.

Boso: So folgt aus der obigen Darstellung.

Anselm: Wenn wir sagen, daß er sich selbst Gott zum Gehorsam gibt, um durch standhaftes Halten an der Gerechtigkeit sich seinem Willen zu unterwerfen, so heißt das nicht, das geben, was Gott von ihm nicht nach Schuld und Gebühr fordern könnte. Denn jede vernünftige Kreatur ist Gott diesen Gehorsam schuldig.

Boso: Das kann nicht geleugnet werden.

Anselm: Er muß also in anderer Weise Gott entweder sich selbst oder etwas von sich geben.

Boso: Dazu treibt uns die Vernunft.

Anselm: Wir wollen sehen, ob dieses vielleicht heißt, sein Leben geben, oder seine Seele lassen, oder sich selbst dem Tode überliefern zur Ehre Gottes. Denn das wird Gott nach Schuld und Gebühr nicht von ihm fordern; weil die Sünde nicht in ihm ist, so wird er nicht sterben müssen, wie wir gesagt haben.

Boso: Anders kann ich es mir nicht denken.

Anselm: Wir wollen noch betrachten, ob es so mit der Vernunft zusammenstimmt.

Boso: Rede du; ich will gern hören.

Anselm: Wenn ein Mensch aus Lust gesündigt hat, ist es nicht angemessen, daß er durch Unlust genugtut? Und wenn er so leicht vom Teufel besiegt worden ist, durch Sündigen Gott zu entehren, so daß er nicht leichter (besiegt werden) konnte; ist es nicht gerecht, daß der Mensch, welcher Gott für die Sünde Genugtuung leistet, mit der größtmöglichen Schwierigkeit den Teufel zur Ehre Gottes besiegt? Oder ist es nicht würdig, daß der, welcher sich Gott so durch Sündigen entzogen hat, daß er sich in verstärkterem Maß nicht entziehen konnte[60], sich Gott so durch Genugtuung gebe, daß er sich in höherem Grade nicht geben kann?

Boso: Es ist nichts vernünftiger.

Anselm: Nichts Härteres aber oder Schwereres kann der Mensch zur Ehre Gottes freiwillig und ohne Schuld leiden, als den Tod, und in keiner Weise kann sich selbst der Mensch Gott mehr geben, als wenn er sich dem Tode übergibt zur Ehre desselben.

Boso: Das alles ist wahr.

---

[60] *Ut se plus auferre non posset* grammatisch richtiger: daß er mehr als sich selbst nicht entziehen konnte; logisch aber richtiger: daß er sich selbst in stärkerem, völligerem Maß nicht entziehen konnte. Denn es ist lediglich von der Selbstentziehung die Rede, ohne Rücksicht auf die Entziehung von etwas anderem.

Anselm: So beschaffen muß also der sein, welcher für die Sünde des Menschen genugtun will, daß er sterben kann, wenn er will.

Boso: Ich sehe ein, daß jener Mensch, den wir suchen, ganz so beschaffen sein müsse, daß er weder aus Notwendigkeit stirbt, weil er allmächtig ist; noch aus Schuld, weil er niemals ein Sünder ist, und daß er sterben kann aus freiem Willen, weil es notwendig ist.

Anselm: Es sind auch viele andere Gründe, weshalb es sehr passend für ihn ist, das Bild und den Wandel der Menschen ohne Sünde zu haben, was leichter und klarer aus seinem Leben und seinen Werken von selbst erhellt, als es vor der Erfahrung mit der Vernunft allein nachgewiesen werden kann. Denn wer sollte sich darüber erklären, was für eine notwendige, was für eine weise Tat es sei, daß der, welcher die Menschen erlösen und von dem Weg des Todes und des Verderbens auf den Weg des Lebens und der ewigen Seligkeit durch Lehren zurückführen wollte, mit den Menschen umging und im Umgang selbst, als er sie durch das Wort lehrte, wie sie leben müßten, sich selbst zum Vorbild darbot? Wie sollte er aber sich selbst den Schwachen und Sterblichen zum Vorbild geben, daß sie erlittener Beleidigungen oder Beschimpfungen oder Schmerzen oder des Todes wegen von der Gerechtigkeit nicht abwichen, wenn sie nicht erkennten, daß er selbst dieses alles fühlte?

12. Kapitel.

Daß der Gottmensch, obgleich
unserer Schäden teilhaftig, doch nicht unselig ist.

Boso: Das alles zeigt deutlich, daß er sterblich und unserer Schäden teilhaftig sein müsse. Aber das alles ist unser Elend; wird er nun nicht auch etwa unselig sein?

Anselm: Keineswegs; denn wie zur Seligkeit nicht gehört ein Vorteil, den jemand wider seinen Willen hat, so ist es nicht Unseligkeit, auf weise Art ohne Nötigung einen Schaden mit Zustimmung des Willens sich anzueignen.

Boso: Es ist zuzugeben.

13. Kapitel.

Daß der Gottmensch bei unseren
übrigen Schwächen die Unwissenheit nicht hat.

Boso: Aber sag, ob er bei dieser Ähnlichkeit, welche er mit den Menschen haben soll, auch die Unwissenheit wie unsere anderen Schwachheiten haben wird?

Anselm: Was zweifelst du an Gott, ob er allwissend sei?

Boso: Obgleich er unsterblich sein wird nach der göttlichen Natur, wird er doch sterblich sein nach der menschlichen. Warum könnte er denn nicht ähnlich wie jene ein wahrhaft unwissender Mensch sein, so wie er ein wahrhaft sterblicher ist?

Anselm: Jene Aufnahme des Menschen in die Einheit der Person Gottes wird nur auf weise Art von der höchsten Weisheit vollzogen werden: und deshalb wird ebenderselbe Mensch nicht annehmen im Menschen, was auf keine Weise nützlich, sondern sehr schädlich ist für das Werk, das er tun soll. Denn die Unwissenheit wäre ihm zu nichts nütze, aber in Rücksicht auf vieles schädlich; denn wie wird er so viele große Werke, die er tun soll, ohne die höchste Weisheit tun? Oder wie werden ihm die Menschen glauben, wenn sie ihn unwissend wissen? Wenn sie es aber nicht wissen, wozu soll ihm jene Unwissenheit helfen? Ferner, wenn man nur das liebt, was man kennt, so wird, wie es nichts Gutes gibt, das er nicht liebte, kein Gut sein, das er nicht wüßte. Das Gute weiß aber nur der vollkommen, der es vom Bösen zu unterscheiden weiß; auch diesen Unterschied versteht keiner zu machen, der das Böse nicht kennt. Wie also der, von welchem wir reden, alles Gute vollkommen wissen wird, so wird er mit keinem Bösen unbekannt sein. Daher wird er alles Wissen haben, obgleich er dasselbe öffentlich im Umgang mit den Menschen nicht zeigt.

Boso: Was du sagst, scheint im vorgerückteren Lebensalter zuzutreffen; aber in der Kindheit, die ja nicht die angemessene Zeit ist, daß in ihr die Weisheit erschiene, wird es nicht so notwendig und deshalb auch nicht angemessen sein, daß er sie habe.

Anselm: Habe ich nicht gesagt, daß jene Menschwerdung weise geschieht? Denn weise wird Gott die Sterblichkeit annehmen und sich derselben, weil auf eine sehr nützliche, auf eine weise Art bedienen. Die Unwissenheit aber wird er nicht weise annehmen können, weil sie niemals nützlich, sondern immer schädlich ist, es müßte denn etwa durch sie der böse Wille, welcher niemals in ihm Raum hat, von seiner Wirkung zurückgehalten werden. Denn obwohl sie bisweilen in Bezug auf anderes nicht schadet, so schadet sie doch schon dadurch, daß sie das Gut der Weisheit wegnimmt; und um mit kurzen Worten abzumachen, was du fragst: von der Zeit an, wo jener Mensch in das Leben tritt[61], wird er immer Gottes, wie seiner selbst voll sein, und daher niemals ohne seine Macht und Stärke und Weisheit sein.

Boso: Obgleich ich nimmer zweifelte, daß dieses in Christus gewesen ist, so habe ich doch deshalb gefragt, damit ich auch hierüber Rechenschaft hörte. Denn oft sind wir des Daseins einer Sache gewiß und wissen es doch nicht mit Gründen zu beweisen.

---

[61] *Ex quo homo ille erit, plenus Deo semper ut seipso erit etc.* Wörtlich: Von dem Augenblick an, wo jener Mensch sein wird, wird er stets Gottes, wie seiner selbst voll sein. Gedanke: Der Gottmensch wird von seiner Geburt an in jedem Lebensmoment (also auch in der Kindheit) ebenso vollkommener Gott, wie vollkommener Mensch sein (und daher auch die göttliche Weisheit in vollem Maß besitzen).

14. Kapitel.

Wie sein Tod die Zahl und Größe aller Sünden überwiege.

Boso: Jetzt bitte ich dich, mich zu belehren, wie sein Tod die Zahl und Größe aller Sünden überwiege, da du die eine Sünde (welche wir für die leichteste halten) als eine so unendliche nachweist, daß, wenn die unendliche Zahl der Welten vorgehalten würde, welche so voll sind von Geschöpfen, wie diese bestehende, und vor der Vernichtung nicht anders bewahrt werden könnten, als daß einer einen einzigen Blick gegen den Willen Gottes täte, dieser Blick doch nicht getan werden dürfte.

Anselm: Wenn jener Mensch gegenwärtig wäre und du wüßtest, wer er wäre, und man sagte zu dir: Wenn du den Menschen nicht tötest, wird diese ganze Welt und alles, was nicht Gott ist, untergehen, – würdest du dieses tun zur Erhaltung aller anderen Kreatur?

Boso: Ich würde es nicht tun, auch wenn mir die unendliche Zahl der Welten entgegengehalten würde.

Anselm: Was, wenn man dir wiederum sagte: Entweder mußt du ihn töten oder alle Sünden der Welt kommen über dich?

Boso: Ich würde antworten, daß ich lieber alle anderen Sünden auf mich laden wollte, nicht allein die vergangenen und zukünftigen dieser Welt, sondern auch die, welche nur immer über diese gedacht werden können, als jene einzige. Und das glaube ich nicht nur über das Töten desselben, sondern auch über jede geringe Verletzung, welche ihn berühren würde, antworten zu müssen.

Anselm: Dein Glaube ist richtig; doch sage mir, warum urteilt dein Herz so, daß es mehr vor einer einzigen Sünde in der Verletzung dieses Menschen erschreckt, als vor allen anderen, welche gedacht werden können; da doch alle Sünden, welche nur immer begangen werden, wider ihn sind?

Boso: Weil eine Sünde, die an seiner Person begangen wird, unvergleichlich alle jene übertrifft, die außer (Berührung mit) seiner Person gedacht werden können.

Anselm: Was sagst du dazu, daß einer oft gern gewisse Beschwerden an seiner Person duldet, um nicht größere in seinen Verhältnissen zu dulden?

Boso: Gott bedarf nicht dieser Geduld, er, dessen Macht alles unterworfen ist, wie du oben auf eine Frage von mir geantwortet hast.

Anselm: Du antwortest gut; wir sehen also, daß mit der Verletzung des leiblichen Lebens dieses Menschen keine Unermeßlichkeit oder Menge der Sünden außer (Berührung mit) der Person Gottes verglichen werden kann.

Boso: Ganz offenbar.

Anselm: Wie groß scheint dir das Gut, dessen Tötung so böse ist?

Boso: Wenn das Sein desselben so gut ist, als seine Zerstörung böse ist, hat es einen unvergleichlich höheren Grade von Güte, als jene Sünden, welche die Tötung desselben in unberechenbarer Weise überragt, (dem Grade nach) böse sind.

Anselm: Du redest die Wahrheit. Bedenke ferner, daß die Sünden in solchem Grade hassenswert sind, als sie böse sind; und daß dieses Leben in solchem Grade liebenswürdig ist, als es gut ist. Daraus folgt, daß dieses Leben in höherem Maß liebenswürdig ist, als die Sünden hassenswert sind.

Boso: Das muß ich einsehen.

Anselm: Glaubst du, daß ein so großes Gut von solcher Liebenswürdigkeit ausreichen könne, um zu bezahlen, was für die Sünden der ganzen Welt geschuldet wird?

Boso: Es kommt sogar ein unendlicher Überschuß heraus.

Anselm: Du siehst also, wie dieses Leben alle Sünden besiegt, wenn es für sie gegeben wird.

Boso: Offenbar.

Anselm: Wenn demnach das Leben geben so viel bedeutet, als den Tod übernehmen, steht die Übernahme des Todes ebenso in höherer Geltung in Beziehung auf alle Menschen, wie die Hingabe dieses Lebens.

15. Kapitel.

Wie ebendieser Tod des Gottmenschen auch die Sünden seiner Mörder tilgt.

Boso: So ist es gewiß um alle Sünden bestellt, welche die Person Gottes nicht antasten. Aber jetzt sehe ich eine andere Frage für notwendig an. Wenn das Töten desselben so böse ist, als sein Leben gut ist, wie kann sein Tod die Sünden derer, die ihn getötet haben, überwinden und tilgen? Oder wenn er die Sünde irgendeines unter ihnen tilgt, wie kann er nicht auch eine der anderen Menschen tilgen? Denn wir glauben, daß viele von ihnen selig geworden sind und unzählige andere nicht selig werden.

Anselm: Diese Frage löst der Apostel, welcher gesagt hat: „Wenn sie ihn erkannt hätten, hätten sie niemals den Herrn der Herrlichkeit gekreuzigt."[62] Denn die wissentlich begangene Sünde und die, welche aus Unwissenheit geschieht, unterscheiden sich so sehr, daß das Böse, welches sie niemals tun konnten, wenn es nach seinem Übermaß erkannt wurde, läßlich ist, weil es aus Unwissenheit vollbracht worden ist. Gott nämlich könnte niemals ein Mensch, wenigstens wissentlich, töten wollen; und deshalb sind die, welche ihn aus Unwissenheit getötet haben, nicht in jene unendliche Sünde, mit der keine anderen Sünden verglichen werden können, gefallen. Denn wir haben, um zu sehen, wie gut jenes Leben wäre, die Größe der erwähnten Sünde nicht nach ihrer tatsächlichen Beschaffenheit als Unwissenheitssünde betrachtet, sondern unter der Voraussetzung, als geschähe sie wissentlich, so wie sie einer weder je getan hat, noch hat tun können.[63]

---

[62] I. Kor. 2, 8.

[63] Sinn: Wir haben, um die Güte jenes Lebens (des Gottmenschen) in das rechte Licht zu stellen, für unsere Betrachtung der unendlich großen Sünde, die mit der Tötung des Gottmenschen begangen wird, nicht die geschichtlich wirkliche Tat, welche eine unwissentliche war, zum Maßstab genommen; sondern argumentierten aufgrund der Annahme, diese

Boso: Du hast mit vernünftigem Grund bewiesen, daß die Mörder Christi zur Vergebung ihrer Sünde gelangen können.

Anselm: Was fragst du noch mehr? Da siehst du ja, wie die vernünftige Notwendigkeit nachweist, daß der obere Staat von den Menschen zu vollenden ist und daß dies nur durch die Vergebung der Sünden geschehen könne, welche kein Mensch erhalten kann ohne durch einen Menschen, der zugleich Gott ist und durch seinen Tod die sündigen Menschen mit Gott versöhnt. Offenbar finden wir daher, daß Christus, den wir als Gott und Menschen bekennen, um unseretwillen gestorben sei, und daß, wenn dieses ohne allen Zweifel erkannt ist, alles, was er selbst sagt, gewiß ist, weil Gott nicht lügen kann; auch ist nicht zu bezweifeln, daß das von ihm Vollbrachte mit Weisheit vollbracht ist, wiewohl der Grund davon von uns nicht begriffen wird.

Boso: Was du sagst, ist wahr; und keinen Augenblick setze ich in die Wahrheit seiner Aussage oder in die Vernünftigkeit seines Tuns einen Zweifel. Aber das verlange ich, daß du mir eröffnest, aus welchem Grund das geschehen müsse oder könne, was die Ungläubigen am christlichen Glauben für unnötig oder unmöglich halten: nicht damit du mich im Glauben befestigst, sondern damit du den schon Befestigten mit der Einsicht der Wahrheit selbst erfreust.

Sünde geschähe wissentlich; da sie doch in der Wirklichkeit so weder vorgekommen ist, noch vorkommen kann.

16. Kapitel. a.

Wie Gott aus der sündigen Masse einen sündlosen Menschen angenommen hat und über die Erlösung Adams und Evas.

Boso: Wie du deshalb über das, was oben gesagt wurde, mit Gründen Rechenschaft abgelegt hast, so bitte ich, wollest du das, was ich noch fragen werde, wissenschaftlich erörtern. Zuerst nun, wie hat Gott aus der sündigen Masse, d. i. von dem Menschengeschlecht, welches ganz von der Sünde vergiftet war, einen Menschen ohne Sünde, wie einen Süßteig aus der durchsäuerten Masse, angenommen? Denn wiewohl die Empfängnis ebendieses Menschen selbst rein und ohne die Sünde der fleischlichen Lust ist, so ist doch die Jungfrau, aus deren Schoß er angenommen worden ist, in Missetaten empfangen, und ihre Mutter hat sie in Sünden empfangen und sie ist mit der Erbsünde geboren worden, weil sie ebenfalls in Adam gesündigt hat, in welchem alle gesündigt haben.

Anselm: Seitdem feststeht, daß jener Mensch Gott sei und der Versöhner für die Sünden, ist kein Zweifel, daß er ganz ohne Sünde sei; das kann er aber nicht sein, wenn er nicht ohne Sünde aus der sündigen Masse angenommen worden ist. Wenn wir nun nicht einsehen können, auf welche Weise dieses die Weisheit Gottes gemacht hat, sollen wir uns nicht wundern, sondern mit Anbetung ertragen, daß unter den Geheimnissen eines so hohen Gegenstandes etwas ist, was wir nicht wissen. Gott hat das menschliche Wesen wunderbarer wieder hergestellt, als er es ursprünglich angelegt hat; denn für Gott ist beides gleich leicht; aber bevor der Mensch war, hat er nicht gesündigt, daß er nicht durfte ins Dasein gerufen werden. Nachdem er aber geschaffen ist, hat er durch das Sündigen verdient, daß er das, als was und wozu er geschaffen ist, verlor; wiewohl er nicht ganz und gar das verloren hat, als was er geschaffen war, so daß er ein solcher blieb, der gestraft werden oder dessen Gott sich erbarmen konnte. Denn keines von diesen beiden könnte stattfinden, wenn er vernichtet worden wäre. Daher hat ihn Gott um so viel wunderbarer erlöst als erschaffen, als er jenes mit dem Sünder wider Verdienst, dieses nicht mit dem Sünder und nicht gegen sein Verdienst getan hat. Wie erhaben ist ferner, daß Gott und Mensch so in eins zusammengehen, daß mit aufbehaltener Vollständigkeit beider Naturen ebenderselbe Mensch ist, der Gott ist. Wer wollte sich nun herausnehmen, nur zu denken, daß der menschliche Verstand die weise und wunderbare Vollbringung eines so unerforschlichen Werkes durchdringen könne?

Boso: Ich stimme bei, daß kein Mensch in diesem Leben ein so hohes Geheimnis gründlich aufschließen kann, und ich bitte dich nicht, zu tun, was kein Mensch tun kann; sondern so viel, als du kannst. Denn du wirst die Überzeugung von den tiefliegenden Gründen dieses Geheimnisses viel eher erwecken, wenn du irgendeinen als von dir gesehen bemerklich machst, als wenn du durch Stillschweigen beweist, daß du keinen Grund einsiehst.

Anselm: Ich sehe keine Rettung vor deiner drängenden Forderung; doch wenn ich einigermaßen zeigen kann, was du verlangst, wollen wir Gott danken. Wenn ich es aber nicht kann, mag das, was oben bewiesen ist, hinreichen. Denn wenn es feststeht, daß Gott Mensch werden muß, fehlt ihm ohne Zweifel nicht die Weisheit und die Macht, dieses ohne Sünde zu tun.

Boso: So nehme ich gern an.

Anselm: Jene Erlösung, welche Christus gestiftet hat, mußte unbedingt nicht bloß denen nützen, die zu seiner Zeit lebten, sondern auch den anderen. Es soll ein König sein, an dem sich das ganze Volk eines ihm eigentümlichen Staates so versündigt hat, mit Ausnahme eines einzigen, der jedoch von ihrem Geschlecht ist, daß keiner der Volksgenossen durch sein Tun der Verdammnis des Todes entrinnen kann; jener aber, der allein unschuldig ist, soll bei dem König in so großer Gunst stehen, daß er kann, und so große Liebe gegen die Schuldigen haben, daß er will alle, die seinem Rat glauben, durch einen dem König selbst sehr wohlgefälligen Dienst versöhnen, den er am bestimmten Tag nach dem Willen des Königs zu tun bereit ist. Und weil nicht alle, die versöhnt werden sollen, auf jenen Tag zusammenkommen können, gestattet der König, wegen der Größe jener Dienstleistung, daß alle die, welche entweder vor oder nach jenem Tag das Bekenntnis ablegen, sie wollten durch das an dem betreffenden Tag geschehende Werk Verzeihung erlangen und dem von ihm abgeschlossenen Vertrag beitreten, von aller vorhergegangenen Schuld freigesprochen sind: und in dem Fall, daß sie nach dieser Verzeihung wiederum sündigen, sollen sie, wenn sie auf würdige Art genugtun und danach sich bessern wollen, kraft desselben Vertrages von neuem Verzeihung erhalten, so jedoch, daß keiner in seinen Palast eintritt, bis die Tat vollbracht ist, durch welche die Schulden gelöst werden. Nach diesem Gleichnis lag, weil nicht alle Menschen, die erlöst werden sollten, gegenwärtig sein konnten, als Christus jene Erlösung ausführte, eine so große Kraft in seinem Tode, daß sich die Wirkung desselben auch auf die dem Ort oder der Zeit nach Abwesenden erstreckt. Daß er aber nicht allein den Gegenwärtigen nützen sollte, erkennt man leicht daraus, daß nicht so viele bei seinem Tode zugegen sein konnten, als zur Erbauung des oberen Staates notwendig sind: wenn auch alle die, welche zu der Zeit seines Todes an allen Orten waren, zur Erlösung zugelassen worden wären. Denn es gibt mehr böse Geister, als an jenem Tage Menschen lebten, von denen die Zahl jener wieder hergestellt werden soll. Auch darf man nicht glauben, seitdem der Mensch gemacht ist, habe es eine Zeit gegeben, wo diese Welt samt den Kreaturen, die zum Nutzen der Menschen geschaffen sind, so leer gewesen wäre, daß keiner von dem menschlichen Geschlecht auf ihr sich befand, der zu dem Zweck in Beziehung stand, um dessen willen der Mensch gemacht ist. Denn es scheint unangemessen, wenn Gott sollte zugegeben haben, daß das menschliche Geschlecht und was er zum Gebrauch derer, aus welchen der obere Staat soll vollendet werden, gemacht hat, nur einen Augenblick vergeblich da war. Sie würden in gewissem Sinne der Nichtigkeit anheimgegeben erscheinen, so lange ihr Bestehen nicht dem Hauptzweck ihrer Schöpfung diente.

Boso: Du beweist mit einem treffenden und dem Anschein nach unwiderlegbaren Grund, seit Erschaffung des Menschen habe es niemals eine Zeit gegeben ohne irgendeinen, der zu dieser Versöhnung (ohne welche jeder Mensch umsonst erschaffen wäre) in Beziehung stand; was wir nicht bloß als angemessen, sondern auch als notwendig erschließen können. Denn wenn dieses angemessener und vernunftgemäßer ist, als daß irgend einmal keiner gewesen wäre, an welchem der Plan Gottes bei Erschaffung des Menschen durchgeführt werden konnte, und diesem Grund durchaus nichts entgegensteht; so muß notwendig immer einer zu der vorhin erwähnten Versöhnung in Beziehung gestanden haben. Daher ist nicht zu bezweifeln, daß Adam und Eva zu jener Erlösung in Beziehung gestanden haben, wiewohl dies eine göttliche Autorität nicht offen erklärt.

Anselm: Es scheint auch unglaublich, wenn Gott jene gemacht und aus ihnen alle Menschen, die er in den himmlischen Staat aufnehmen wollte, zu machen unveränderlich sich vorgesetzt hat, daß er diese beiden von diesem Vorsatz ausgeschlossen haben soll.

Boso: Ja, er muß sie nach unserem Glauben hauptsächlich dazu gemacht haben, daß aus ihnen diejenigen herkämen, um deren willen sie gemacht sind.

Anselm: Wohl erwogen. Keine Seele jedoch konnte vor dem Tode Christi in das himmlische Paradies eingehen, wie ich in dem obigen Bild vom Palast des Königs bemerkt habe.

Boso: Davon sind wir überzeugt.

Anselm: Jene Jungfrau aber, aus welcher der Mensch, von dem wir reden, angenommen worden ist, gehörte zu denen, welche vor seiner Geburt durch ihn von Sünden gereinigt worden sind, und in ihrer Reinheit ist er aus ihr angenommen.

Boso: Dein Spruch würde meinen vollen Beifall haben, wenn es nicht den Schein hätte, als ob er, der doch die Reinheit von der Sünde von sich selbst haben muß, dieselbe von der Mutter hätte und sonach nicht durch sich, sondern durch diese rein wäre.

Anselm: So ist es nicht. Sondern weil die Reinheit der Mutter, durch welche er rein ist, nur von ihm herrührte, ist auch er durch sich und von sich selbst rein gewesen.

16. Kapitel. b.

Wie der nicht mit Notwendigkeit
gestorben ist, der nur sein konnte, weil er sterben sollte.

Boso: Genug davon. Aber noch eine andere Frage halte ich für nötig. Oben haben wir erklärt: er brauchte nicht aus Notwendigkeit zu sterben, und jetzt sehen wir, daß seine Mutter durch seinen zukünftigen Tod rein gewesen ist, und wenn sie es nicht gewesen wäre, hätte er nicht von ihr herkommen können. Wie ist er also nicht mit Notwendigkeit gestorben, der nur unter der Bedingung sein konnte, daß er sterben sollte? Denn wenn er nicht hätte sterben sollen, wäre die Jungfrau, aus deren Schoß er angenommen ist, nicht rein gewesen, weil sie dieses durchaus nicht sein konnte, ohne durch den Glauben an seinen wahren Tod, und auch er aus ihr nicht anders angenommen werden konnte. Wenn er daher nicht mit Notwendigkeit gestorben ist, nachdem er aus der Jungfrau angenommen worden, so konnte er nicht aus der Jungfrau angenommen sein, nachdem er angenommen ist; und das ist nicht möglich.

Anselm: Wenn du das oben Gesagte wohl erwogen hättest, würdest du, wie ich glaube, die Frage damit gelöst erachten.

Boso: Ich sehe nicht, wie.

Anselm: Haben wir nicht, als wir fragten, ob er habe lügen können, gezeigt, daß in der Handlung des Lügens zwei Vermögen hervortreten, erstens das des Lügenwollens, zweitens das des Lügens, und weil er, im Besitz der Macht zu lügen, dieses von sich selbst hatte, daß er nicht konnte lügen wollen, mußte er nicht deshalb wegen seiner Gerechtigkeit, mit der er an der Wahrheit hielt, gelobt werden?

Boso: So ist es.

Anselm: Ebenso kommt bei der Erhaltung des Lebens die Macht des Erhaltenwollens und die Macht des Erhaltens selbst in Betracht. Wenn daher gefragt wird, ob der Gottmensch sein Leben habe erhalten können, um niemals zu sterben, so ist nicht zu bezweifeln, daß er immer die Macht gehabt hat, es zu erhalten, obgleich er es nicht hat können erhalten wollen, um niemals zu sterben; und weil er dieses von sich selbst hatte, das er nicht konnte wollen, so hat er nicht aus Notwendigkeit, sondern aus freiem Willen sein Leben gelassen.

Boso: Nicht ganz ähnlich waren in ihm die zwei Vermögen, nämlich jene: zu lügen und das Leben zu erhalten. Denn dort folgte, daß er, wenn er wollte, lügen konnte; hier aber scheint es, als ob, wenn er nicht sterben wollte, dieses ihm ebensowenig eine Möglichkeit wäre, als es ihm eine Möglichkeit war, nicht zu sein, was er war. Denn dazu war er Mensch, daß er starb, und wegen des Glaubens an diesen seinen zukünftigen Tod konnte er von der Jungfrau angenommen werden, wie du oben gesagt hast.

Anselm: Wie du glaubst, er habe sterben müssen oder sei aus Notwendigkeit gestorben, weil er das, was er war, sein mußte: so kannst du behaupten, daß er habe sterben wollen müssen oder daß er aus Notwendigkeit habe sterben wollen, weil er das, was er war, sein mußte; denn er ist ebensogut zu dem Ende Mensch geworden, daß er starb, als daß er sterben wollte. Wie du daher nicht sagen darfst, daß er sterben wollen mußte oder aus Notwendigkeit sterben wollte, so darfst du auch nicht sagen, daß er sterben mußte, oder daß er aus Notwendigkeit gestorben ist.

Boso: Im Gegenteil, weil Sterben und Sterbenwollen denselben Grund hat, so scheint beides bei ihm mit Notwendigkeit gewesen zu sein.

Anselm: Wer hat sich freiwillig zum Menschen machen wollen, daß er mit demselben unveränderlichen Willen starb und durch den zuversichtlichen Glauben hieran die Jungfrau, von der jener Mensch angenommen werden sollte, rein wurde?

Boso: Gott, der Sohn Gottes.

Anselm: Ist oben nicht nachgewiesen worden, daß Gottes Wille von keiner Notwendigkeit gezwungen wird, sondern er selbst sich in seiner freiwilligen Unwandelbarkeit behauptet, wenn er etwas aus Notwendigkeit tun soll?

Boso: Es ist in Wahrheit nachgewiesen worden. Aber dagegen sehen wir, daß das, was Gott unveränderlich will, unmöglich nicht sein kann, sondern notwendig sein muß. Deswegen war, wenn Gott wollte, daß jener Mensch starb, das Nichtsterben für ihn eine Unmöglichkeit.

Anselm: Daraus, daß der Sohn Gottes den Menschen angenommen hat mit dem Willen zu sterben, beweist du, daß es für diesen Menschen eine Unmöglichkeit gewesen ist, nicht zu sterben.

Boso: So meine ich.

Anselm: Oder erhellte nicht ebenso aus dem, was gesagt ist, daß der Sohn Gottes und der angenommene Mensch eine Person sei, so daß er Gott und Mensch ist, der Sohn Gottes und der Jungfrau Sohn?

Boso: So ist es.

Anselm: Derselbe Mensch mußte daher nach seinem Willen sterben und ist gestorben.

Boso: Ich kann es nicht leugnen.

Anselm: Weil nun der Wille Gottes aus keiner Notwendigkeit etwas tut, sondern aus seiner eigenen Macht, und der Wille jenes der Wille Gottes war, so ist er aus keiner Notwendigkeit gestorben, sondern allein aus seiner eigenen Macht.

Boso: Deinen Schlüssen kann ich nicht widerstehen; denn weder die Vordersätze, welche du vorausschickst, noch die Folgesätze, die du erschließt, bin ich irgendwie zu entkräften imstande. Aber doch kommt mir immer das in den Weg, was ich gesagt habe: wenn er nicht sterben wollte, konnte er das ebensowenig, als nicht sein, was er war; denn er sollte wahrhaft sterben, weil, wenn er nicht wahrhaft würde gestorben sein, der Glaube an seinen zukünftigen Tod nicht wahr gewesen wäre, durch den sowohl jene Jungfrau, von der er geboren ist, als auch viele andere von der Sünde gereinigt worden sind. Denn wenn er nicht wahr gewesen wäre, hätte er nichts nützen können. Wenn er deswegen vermochte, nicht zu sterben, konnte er machen, daß das nicht wahr war, was wahr war.

Anselm: Weshalb war vor seinem Tode wahr, daß er sterben sollte?

Boso: Weil er dieses selbst freiwillig gewollt hat und zwar mit unveränderlichem Willen.

Anselm: Wenn es ihm also, wie du sagst, deswegen unmöglich war, nicht zu sterben, weil er in Wahrheit sterben sollte, und er deshalb in Wahrheit sterben sollte, weil er dieses selbst freiwillig und unveränderlich wollte; so folgt, daß es ihm aus keinem anderen Grund unmöglich gewesen ist, nicht zu sterben, als daß er mit unveränderlichem Willen sterben wollte.

Boso: So ist es; aber was auch immer der Grund gewesen ist, so bleibt es doch immer Wahrheit, daß es ihm unmöglich war, nicht zu sterben, und notwendig zu sterben.

Anselm: Du hängst zu sehr an einem Nichts und suchst (nach dem Sprichwort) den Knoten in der Binse.[64]

Boso: Hast du vergessen, was ich deinen Entschuldigungen am Anfang dieser unserer Unterredung entgegengesetzt habe, daß du mein Verlangen nicht den Gelehrten, sondern mir und den dich mit mir darum Bittenden erfülltest? Dulde daher, daß ich nach der Unbeholfenheit und Stumpfheit unseres Geistes frage, damit du mir und jenen auch in kindischen Fragen, wie du gleich anfänglich getan hast, Bescheid tust.

17. Kapitel.

Daß bei Gott keine Notwendigkeit oder Unmöglichkeit ist, und was man unter einer zwingenden Notwendigkeit und einer nicht zwingenden Notwendigkeit zu verstehen hat.

Anselm: Wir haben bereits erklärt, daß man von Gott uneigentlich den Ausdruck gebraucht: „etwas nicht können oder mit Notwendigkeit tun." Alle Notwendigkeit und Unmöglichkeit hängt nämlich von seinem Willen ab.

---

[64] *Nodum in scirpo quærere* den Knoten in der Binse suchen, Sprichw. s. v. a. eine Schwierigkeit da suchen, wo keine ist.

Sein Wille ist aber keiner Notwendigkeit oder Unmöglichkeit untergeben. Denn nichts ist notwendig oder unmöglich, ohne daß er es so will; selbst aber aus Notwendigkeit oder Unmöglichkeit etwas entweder zu wollen oder nicht zu wollen, weicht von der Wahrheit der Gottesidee ab. Weil er daher alles, was er will, und nur was er will, tut, so geht weder seinem Wollen oder Nichtwollen, noch seinem Tun oder Nichttun eine Notwendigkeit oder Unmöglichkeit voran, obgleich er vieles unveränderlich will und tut. Und wie es eine Unmöglichkeit ist, wenn Gott etwas tut, daß dasselbe, nachdem es getan ist, nicht getan sei, sondern seine Tatsächlichkeit immer wahr ist, und dennoch die Behauptung unrichtig bleibt, es sei Gott unmöglich, zu machen, daß das, was vergangen ist, nicht vergangen sei; – denn dabei wirkt nicht die Notwendigkeit des Nichttuns oder die Unmöglichkeit des Tuns, sondern Gottes Wille allein, der (weil er selber die Wahrheit ist) immer die Wahrheit unveränderlich, wie er ist, haben will – so ist, wenn er sich etwas unveränderlich zu tun vorsetzt, obgleich das ihm Vorgesetzte, ehe es geschieht, zukünftig sein muß, dennoch keine Notwendigkeit des Tuns oder keine Unmöglichkeit des Nichttuns in ihm, weil der Wille in ihm allein wirkt. Denn so oft man sagt, Gott könne nicht, wird nicht das Vermögen in ihm verneint, sondern seine unübertreffliche Macht und Stärke bezeichnet. Man versteht nichts anderes darunter, als daß kein Ding bewirken kann, daß er vollbringe, wovon das Können bei ihm verneint wird. Denn das ist eine vielgebrauchte Redewendung: ein Gegenstand kann, nicht weil in ihm, sondern weil in einem anderen Gegenstand das Können liegt; und er kann nicht, nicht weil in ihm, sondern weil in einem anderen Gegenstand das Nichtkönnen liegt. Wir sagen: „jener Mensch kann besiegt werden", statt dessen: „jemand kann ihn besiegen", und „jener kann nicht besiegt werden", statt dessen: „niemand kann ihn besiegen." Denn besiegt werden können ist nicht ein Können, sondern ein Nichtkönnen; und nicht besiegt werden können ist nicht ein Nichtkönnen, sondern ein Können. So sagen wir auch nicht, daß Gott etwas deshalb aus Notwendigkeit tue, weil in ihm eine Notwendigkeit ist, wie ich mich über das Nichtkönnen ausgedrückt habe, bei der Redensart „nicht können." Alle Notwendigkeit nämlich ist entweder Zwang oder Abhaltung; und diese zwei Arten von Notwendigkeit verhalten sich zueinander entgegengesetzt, wie notwendig und unmöglich. Denn was man zwingt, zu sein, hält man vom Nichtsein ab, und was man zwingt, nicht zu sein, hält man vom Sein ab; wie ja von dem, das notwendig sein muß, das Nichtsein, und von dem, das notwendig nicht sein muß, das Sein unmöglich ist, und umgekehrt. Wenn wir aber sagen, daß etwas mit Notwendigkeit in Gott sei oder nicht sei, so wird darunter nicht eine zwingende oder abhaltende Notwendigkeit verstanden, sondern angedeutet, daß bei allen anderen Dingen eine Notwendigkeit stattfindet, welche das Tun verwehrt um das Nichttun erzwingt; im Gegensatz gegen das, was von Gott gilt. Denn sagen wir, es ist notwendig, daß Gott immer die Wahrheit redet, und notwendig, daß er niemals lügt, so meint man damit nichts anderes, als: „Seine Beständigkeit in der Behauptung der Wahrheit ist so groß, daß er notwendig nichts tun kann, um die Wahrheit nicht zu sagen oder zu lügen." Wenn wir deshalb meinen, daß jener Mensch, der nach der Einheit der Person (wie oben gesagt wurde) ebenso, wie der Sohn Gottes, Gott ist, es nicht vermochte, nicht zu sterben oder nicht sterben zu wollen, nachdem er von der Jungfrau geboren ist; so ist damit nicht angedeutet ein ihm beiwohnendes Unvermögen, sein unsterbliches Leben zu erhalten oder erhalten zu wollen, sondern die Unveränderlichkeit seines Willens, durch welche er sich aus freiem Trieb zum Menschen gemacht hat, in der Absicht, bei jenem Willen verharrend zu sterben, und daß nichts seinen Willen ändern konnte. Denn es wäre vielmehr ein Nichtkönnen, als ein Können, wenn er könnte lügen oder täuschen oder den Willen ändern wollen, den er vorher unveränderlich haben wollte. Und wenn (wie ich oben bemerkt habe) jemand, der freiwillig etwas Gutes zu tun sich vornimmt und mit demselben Willen späterhin ausführt, was er sich vorgenommen hat; obgleich er gezwungen werden könnte, falls er das Versprechen nicht lösen wollte, dennoch nicht aus Notwendigkeit tut, was er tut, sondern aus dem freien Willen seines Vorsatzes – denn es ist nicht gestattet, zu sagen, daß da etwas aus Notwendigkeit oder Unvermögen geschehe oder nicht geschehe, wo weder die Notwendigkeit, noch das Unvermögen etwas wirken, sondern der Wille – wenn, sage ich, es so beim Menschen ist, so darf man sich um viel weniger auf die Notwendigkeit oder das Unvermögen in

Gott berufen, der nur das, was er will, tut, und dessen Willen keine Notwendigkeit zwingen oder hindern kann. Denn dazu war die Verschiedenheit der Naturen und die persönliche Einheit in Christus kräftig, daß das, was zur Erlösung der Menschen zu tun nötig war, wenn es die menschliche Natur nicht konnte, die göttliche tat, und wenn sich's für die göttliche nicht paßte, die menschliche leistete; und daß er nicht bald ein solcher, bald ein anderer, sondern immer derselbe war, der in diesem Doppelsein vollkommen durch die menschliche Natur zahlte, was diese schuldig war, und durch die göttliche vermochte, was zum Heil gereichte. Schließlich glaubte die Jungfrau, welche durch den Glauben rein geworden ist, damit er von ihr empfangen werden konnte, keineswegs, daß er ohne seinen Willen sterben würde; wie sie durch den Propheten gelernt hatte, der von ihm sagte: „Er hat sich geopfert, weil er selbst wollte."[65] Und weil ihr Glaube wahr war, so war das zukünftige Geschehen dessen, was sie glaubte, notwendig. Wenn dich wiederum beunruhigt, daß ich sage, es war notwendig, so bedenke, daß die Wahrheit des Glaubens der Jungfrau nicht die Ursache gewesen ist, daß jener freiwillig starb, sondern daß der Glaube wahr gewesen ist, weil dieses in Zukunft geschehen sollte. Wenn deswegen gesagt wird, es war notwendig, daß er aus bloßem freiem Willen starb, weil der Glaube oder die Weissagung, die in Bezug darauf vorausgegangen waren, wahr war, so hat das denselben Sinn, als wenn man sagt, es

---

[65] Jes. 53, 7.

sei notwendig gewesen, daß es so in Zukunft geschah, weil es so in der Zukunft wirklich war; eine derartige Notwendigkeit aber erzwingt nicht das Sein einer Sache, sondern das Sein einer Sache bewirkt die Notwendigkeit des Seins. Denn es gibt eine vorhergehende Notwendigkeit, welche die Ursache ist, daß eine Sache sei; und eine nachfolgende Notwendigkeit, welche durch die Sache bewirkt wird. Eine vorausgehende und wirksame Notwendigkeit ist es, wenn man sagt, der Himmel dreht sich, weil es notwendig ist, daß er sich drehe. Aber eine nachfolgende, und keine wirksame, sondern bewirkte ist es, wenn ich sage, daß du aus Notwendigkeit sprichst, weil du sprichst. Wenn ich nämlich dieses sage, gebe ich zu verstehen, nichts könne bewirken, daß du, so lange du sprichst, nicht sprechest; nicht, daß ein anderer dich zum Sprechen zwinge. Denn die Gewalt einer Naturbedingung zwingt den Himmel, sich zu drehen; dich aber macht keine Notwendigkeit sprechen. Doch überall, wo eine vorhergehende Notwendigkeit ist, ist auch eine nachfolgende; nicht aber da, wo eine nachfolgende, sogleich auch eine vorhergehende. Denn wir können sagen, es ist notwendig, daß sich der Himmel dreht, weil er sich dreht; aber nicht ebenso wahr ist, daß du deshalb sprichst, weil es notwendig ist, daß du sprichst. Diese nachfolgende Notwendigkeit läuft durch alle Zeiten in folgender Weise: Von allem, was gewesen ist, ist das Gewesensein notwendig. Von allem, was ist, ist das Sein notwendig. Von allem, was zukünftig ist, ist das

Zukünftiggewesensein notwendig. Das ist jene Notwendigkeit[66], welche (an der Stelle, wo Aristoteles von den Sätzen handelt, die etwas Einzelnes und Zukünftiges zum Gegenstand haben den Zufall aufhebt und das Sein aller Dinge als notwendig setzt. Durch diese nachfolgende und nichts bewirkende Notwendigkeit war es, weil der Glaube oder die Weissagung von Christus, daß er aus freiem Willen, nicht aus Notwendigkeit sterben sollte, wahr war, notwendig, daß es so war; mit dieser ist er Mensch geworden; mit dieser hat er getan und gelitten, was er getan und gelitten hat; mit dieser hat er gewollt, was er nur immer gewollt hat. Denn deshalb ist es mit Notwendigkeit gewesen, weil es zukünftig war, und zukünftig war es, weil es gewesen ist; und gewesen ist es, weil es gewesen ist, und wenn du von allem, das er getan und gelitten hat, die wahre Notwendigkeit wissen willst, so wisse, daß alles mit Notwendigkeit gewesen ist, weil er es selbst gewollt hat. Seinem Willen aber ist keine Notwendigkeit vorange-

---

[66] Wörtlich: das ist jene Notwendigkeit, welche da, wo Aristoteles von den Sätzen etc. handelt, das Beliebige von zweien aufzuheben und das Sein aller Dinge aus der Notwendigkeit aufzubauen scheint. Da Aristoteles an der angeführten Stelle sagt, daß zwei mögliche Dinge, die sich einander ausschließen, nicht zugleich sein oder geschehen können, ohne die Möglichkeit beider, zu verneinen, so tritt er nicht der freien Willensentscheidung, sondern der Willkür, dem Zufall entgegen. Deshalb glaube ich in meinem Recht zu sein, wenn ich den Ausdruck *utrumlibet* mit Zufall wiedergebe und die Worte Anselms, ohne Pressung des *videtur*, nach ihrem positiven Sinn übersetze: Das ist jene Notwendigkeit, welche . . . . (nur) den Zufall aufhebt und (insofern) das Sein aller Dinge als notwendig setzt.

gangen. Wenn es deswegen nur gewesen ist, weil er selbst es gewollt hat, so wäre es nicht gewesen, wenn er es nicht gewollt hätte. So hat daher niemand sein Leben von ihm genommen, sondern er selbst hat es gelassen und wiederum genommen; weil er Macht hatte, sein Leben zu lassen und es wiederum zu nehmen, wie er selbst gesagt hat.[67]

Boso: Du hast mir zur Genüge gezeigt, daß nicht bewiesen werden kann, wie jener aus irgendeiner Notwendigkeit den Tod erlitten habe; und es reut mich nicht, daß ich mit Zudringlichkeit dich gebeten habe, dieses zu tun.

Anselm: Wir haben, wie mich dünkt, einen gewissen Grund aufgewiesen, wie Gott den Menschen ohne Sünde aus der sündigen Masse angenommen hat; aber ich glaube auf keinen Fall verneinen zu dürfen, daß es außer diesem genannten noch einen anderen gibt, davon abgesehen, daß Gott tun kann, was des Menschen Vernunft nicht begreifen kann. Indes weil mir dieser genügend scheint und, wenn ich jetzt einen anderen aufsuchen wollte, die Notwendigkeit einträte, nachzuforschen, was die Erbsünde ist und wie sie von den ersten Eltern auf das ganze menschliche Geschlecht außer jenem Menschen, von dem wir handeln, sich verbreitet, und auf einige andere Fragen, die ihre eigene Behandlung verlangen, zu verfallen, so wollen wir, mit dem angeführten Grund zufrieden, den Rest des begonnenen Werkes weiterverfolgen.

---

[67] Joh. 10, 18.

Boso: Wie du willst; aber mit der Bedingung, daß du einmal mit Gottes Hilfe jenen anderen Grund, den du jetzt aufzusuchen meidest, als eine Schuld abzahlst.

Anselm: Weil ich diesen Willen zu haben mir bewußt bin, so schlage ich deine Bitte nicht ab; aber weil ich über das Zukünftige in Ungewißheit bin, wage ich kein Versprechen zu geben, sondern überlasse es der Führung Gottes.[68] Doch sage jetzt, was du von der Lösung der Frage, die du im Anfang aufgeworfen hast, um deren willen viele andere sich aufgedrungen haben, hältst?

Boso: Die Summe der Frage, warum Gott Mensch geworden sei, war, daß er durch seinen Tod den Menschen selig machte, obgleich es den Schein hat, als hätte er dieses auf andere Art tun können. Hierauf mit vielen notwendigen Gründen antwortend hast du gezeigt, daß die Wiederherstellung des menschlichen Wesens nicht habe ausbleiben dürfen, daß sie aber nicht habe geschehen können, ohne daß der Mensch zahlte, was er Gott für die Sünde schuldig war; und diese Schuld war so groß, daß sie, obgleich sie nur der Mensch zahlen mußte, nur Gott zahlen konnte; so daß einer und derselbe zugleich Mensch und Gott sein mußte. Daher war es notwendig, daß Gott den Menschen in die persönliche Einheit mit sich auf-

---

[68] Die Erfüllung dieses Versprechens ist die Schrift *de conceptu virginali et originali peccato,* in welcher die Frage beantwortet wird: Wie Gott habe Mensch werden können, ohne hiermit ein sündiger Mensch zu werden. Anselm hat die Schrift in der zweiten Hälfte seines ersten Exils, also in den Jahren 1099 oder 1100 zu Lyon verfaßt, nachdem er in der ersten Hälfte die 2 Bücher *Cur Deus Homo* vollendet hatte.

nahm, damit der, welcher in der Natur zahlen mußte und nicht konnte, in der Person wäre, welche es konnte. Endlich hast du gezeigt, daß jener Mensch, welcher Gott wäre, aus einer Jungfrau und von der Person des Sohnes Gottes angenommen werden müßte, und wie er ohne Sünde aus der sündigen Masse habe angenommen werden können. Das Leben dieses Menschen aber hast du als ein so erhabenes, so wertvolles aufs anschaulichste erwiesen, daß es ausreichen kann, um die Sündenschuld der ganzen Welt zu bezahlen und noch unendlich mehr. Es bleibt also noch zu zeigen übrig, wie jenes für die Sünden der Menschen Gott bezahlt werde.

18. Kapitel.

Wie das Leben Christi Gott für die Sünden der Menschen gezahlt wird, und wie Christus leiden mußte und nicht mußte.

Anselm: Wenn sich Christus um der Gerechtigkeit willen hat töten lassen, hat er dann nicht sein Leben zur Ehre Gottes gegeben?

Boso: Wenn ich das begreifen kann, was ich nicht in Zweifel ziehe, obgleich ich nicht sehe, aus was für vernünftigen Gründen er dieses getan habe, da er sowohl die Gerechtigkeit ohne Wandel und sein Leben ewig erhalten konnte, so will ich eingestehen, daß er Gott zu seiner Ehre freiwillig etwas gegeben habe, womit alles, was Gott nicht ist, nicht verglichen werden und was für alle Schulden aller Menschen als Ersatz dienen kann.

Anselm: Siehst du etwa nicht ein, daß er die um der Gerechtigkeit willen, welcher er in Gehorsam treu blieb, über ihn verhängten Beschimpfungen und Schmähungen und den Kreuzestod mit den Missetätern in gnadenreicher Geduld auf sich genommen und damit den Menschen ein Beispiel gegeben hat, daß sie um keiner Widerwärtigkeiten willen, die sie empfinden können, von der Gerechtigkeit, welche sie Gott schulden, abweichen sollen; welches (Beispiel) er nicht gegeben hätte, wenn er nach seiner Macht dem aus solcher Ursache über ihn verhängten Tode aus dem Weg gegangen wäre?

Boso: Es scheint, als ob er dieses Beispiel nicht mit Notwendigkeit gegeben habe, weil bekanntlich viele vor seiner Ankunft und Johannes der Täufer nach der Ankunft vor seinem Tode dadurch, daß sie den Tod für die Wahrheit standhaft ertrugen, jenes hinreichend gegeben haben.

Anselm: Kein Mensch außer jenem hat Gott jemals durch sein Sterben gegeben, was er nicht dereinst mit Notwendigkeit hätte verlieren sollen, oder bezahlt, was er nicht schuldig war. Jener aber hat dem Vater aus freien Stücken dargebracht, was er aus keiner Notwendigkeit je verlieren sollte und für die Sünder bezahlt, was er für sich nicht schuldig war. Darum hat jener vielmehr ein Beispiel gegeben, daß ein jeder das, was er dereinst ohne Weigerung verlieren wird, nicht anstehen soll, für sich selbst Gott zu geben, wenn es ein sittlicher Grund verlangt;

jener, der ohne es für sich zu bedürfen oder gezwungen zu werden, für andere, denen er nichts als Strafe schuldig war, ein so kostbares Leben, ja sich selbst, eine so hohe Person mit einem so erhabenen Willen gegeben hat.

Boso: Du kommst meinem Wunsch sehr nahe; aber leide, daß ich etwas frage, worauf ich, obgleich du es vielleicht für eine alberne Frage halten solltest, doch keine Antwort bereit habe, wenn man mich fragte. Du sagst, als er starb, gab er, was er nicht schuldig war. Aber niemand wird leugnen, daß er besser getan habe, als er dieses Beispiel in solcher Weise gab, und daß dieses Gott mehr gefällt, als wenn er es nicht getan hätte; oder wird meinen, er habe das nicht tun müssen, was er als besser und Gott wohlgefälliger erkannt hat. Wie wollen wir also behaupten, daß er Gott nicht schuldig gewesen ist, was er getan hat, d. i. was er für besser und Gott wohlgefälliger erkannt hat, zumal da die Kreatur Gott alles schuldig ist, was sie ist und was sie weiß und was sie kann?

Anselm: Wiewohl die Kreatur nichts von sich hat, so gibt ihr doch Gott, wenn er ihr gestattet, etwas Erlaubtes zu tun und nicht zu tun, beides in der Art zu ihrem Eigentum, daß er, wenngleich das eine oder andere besser ist, dennoch keines von beiden bestimmt fordert; sondern mag sie das bessere, mag sie das andere tun, sie ist zu tun schuldig, was sie tut; und wenn sie das bessere tut, hat sie Lohn, weil sie freiwillig gibt, was ihr Eigentum ist. Denn obgleich das ehelose Leben besser ist, als der Ehestand, wird doch keines von beiden bestimmt vom Menschen gefordert; sondern sowohl der, welcher lieber ehelich leben, als der, welcher lieber ehelos bleiben will, ist das, was er tut, zu tun schuldig. Denn niemand sagt, daß das ehelose Leben oder der Ehestand nicht erwählt werden müsse; sondern wir sagen, was der Mensch lieber will, ehe er etwas von diesen Dingen festsetzt, das muß er tun; und wenn er das jungfräuliche Leben hält, hat er für das freiwillige Opfer, das er Gott darbringt, Lohn zu erwarten. Wenn du daher behauptest, daß die Kreatur Gott schuldig sei, was sie besser weiß und kann, und du denkst dir dabei „aus Schuldigkeit" und machst nicht den Befehl Gottes zur Bedingung, so ist deine Behauptung nicht immer wahr. Der Mensch ist ja, wie ich sagte, zum jungfräulichen Leben nicht aus Schuldigkeit verbunden, sondern, wenn er lieber will, ist er zum ehelichen Stande verbunden. Wenn du dich etwa an dem Worte „schuldig sein" stößt und dieses nicht ohne eine Schuld verstehen kannst, so wisse, daß wie die Ausdrücke Können und Nichtkönnen und Notwendigkeit bisweilen angewendet werden, nicht weil sie in den Dingen liegen, bei denen sie genannt werden, sondern weil sie in einem anderen liegen, ein gleiches auch mit „schuldig sein" der Fall ist. Sagen wir nämlich, daß die Armen schuldig sind, von den Reichen Almosen zu nehmen, so heißt das nichts anderes, als die Reichen sind schuldig, den Armen Almosen zu zahlen; denn diese Schuld ist nicht von dem Armen, sondern von dem Reichen zu fordern. Auch von Gott sagt man, er ist schuldig, allem vorzustehen, nicht weil er in dieser Beziehung irgendwie Schuldner ist, sondern weil alles ihm untertan zu sein schuldig ist und tun muß, was er will, weil das, was er will, sein muß. So sagt man, wenn eine Kreatur tun will, was zu tun und nicht zu tun ihre Sache ist, sie muß es tun (ist es zu tun schuldig), weil das, was sie will, sein muß. Daher war der Herr Jesus, als er den Tod leiden wollte, weil es von ihm abhing, zu leiden und nicht zu leiden, zu tun schuldig, was er getan hat, weil das, was er wollte, geschehen mußte, und er war es nicht schuldig zu tun, insofern er durch keine Schuld dazu verpflichtet war. Weil er nämlich Gott und Mensch zugleich ist, hat er nach der menschlichen Natur, seitdem er Mensch war, so von der göttlichen Natur, welche von der menschlichen verschieden ist, alles, was er hatte, zum Eigentum erhalten, daß er nichts zu geben schuldig war, außer was er wollte; nach der Person aber hatte er so von sich selbst, was er hatte, und war so vollkommen sich selbst genug, daß er weder einem anderen etwas zu vergelten schuldig war, noch zu geben brauchte, damit ihm wieder vergolten würde.

Boso: Ich sehe nun deutlich, daß er auf keine Weise sich selbst dem Tode aus Schuldigkeit, wie meine Vernunft zu beweisen schien, zur Ehre Gottes gegeben hat, und doch zu tun schuldig war, was er getan hat. Jene Ehre ist unbedingt der ganzen Dreieinigkeit eigentümlich; denn weil er als der Sohn Gottes Gott ist, hat er sich zu seiner eigenen Ehre sich selbst, so wie dem Vater und Heiligen Geist geopfert, d. h. seine Menschheit seiner Gottheit, welche den drei Personen zugleich angehört. Damit wir jedoch in ebendieser Wahrheit bleibend offener aussprechen, was wir wollen, wollen wir reden, wie es der

Sprachgebrauch mit sich bringt, daß der Sohn freiwillig sich selbst dem Vater geopfert hat; denn auf diese Weise wird ganz deutlich gesagt, daß auch in einer Person die ganze Gottheit, welcher er sich als Mensch geopfert hat, begriffen wird; und bei dem Namen des Vaters und des Sohnes wird eine unermeßliche Liebe in den Herzen der Hörer empfunden, wenn der Sohn den Vater in dieser Weise für uns bitten soll.

Boso: Das nehme ich sehr gern an.

19. Kapitel.

Wie aus seinem Tode die menschliche Erlösung folgt.

Anselm: Wir wollen jetzt, so gut wir können, unsere Aufmerksamkeit darauf richten, mit was für einem gewichtigen Grund daraus die menschliche Erlösung folgt.

Boso: Danach sehnt sich mein Herz. Denn wiewohl ich dieses einzusehen glaube, wünsche ich doch die Begründung selbst im Zusammenhang von dir gegeben.

Anselm: Wie groß aber das sei, was der Sohn Gottes freiwillig gegeben hat, tut nicht not auseinanderzusetzen.

Boso: Es leuchtet zur Genüge ein.

Anselm: Der aber, welcher Gott ein so großes Geschenk freiwillig gibt, wird nach deinem Urteil nicht ohne Vergeltung sein dürfen.

Boso: Vielmehr sehe ich eine Notwendigkeit, daß der Vater dem Sohn wieder vergilt; sonst schiene er entweder ungerecht, wenn er nicht wollte, oder ohnmächtig, wenn er nicht könnte; und das widerspricht dem Wesen Gottes.

Anselm: Wer einem vergilt, gibt entweder was derselbe nicht hat, oder erläßt ihm, was von ihm gefordert werden könnte. Bevor aber der Sohn das große Werk vollbrachte, war alles, was der Vater hatte, sein; und niemals hatte er eine Schuld, die ihm erlassen werden konnte. Was soll also dem keiner Sache Bedürftigen und dem nichts geschenkt oder erlassen zu werden braucht, vergolten werden?

Boso: Von der einen Seite sehe ich die Notwendigkeit des Vergeltens und von der anderen die Unmöglichkeit; weil es einesteils notwendig ist, daß Gott vergilt, was er schuldig ist, und anderenteils die Person fehlt, der er vergelten kann.

Anselm: Wenn ein so großer und so schuldiger Lohn weder ihm, noch einem anderen gezahlt wird, scheint der Sohn sein großes Werk umsonst getan zu haben.

Boso: Dieses zu glauben ist ein Frevel.

Anselm: Also ist notwendig, daß die Belohnung irgendeinem anderen zugute komme, weil sie ihm nicht gegeben werden kann.

Boso: Das ist die unvermeidliche Folge.

Anselm: Wenn der Sohn das, was ihm gebührt, einem anderen geben will, wird es ihm dann der Vater mit Recht wehren, oder einem anderen, dem er es geben will, abschlagen können?

Boso: Vielmehr erkenne ich es für gerecht und notwendig, daß dem, welchen der Sohn beschenken will, dieses Geschenk vom Vater zugesprochen wird, weil dem Sohn freisteht, zu geben, was sein ist, und der Vater das, was er schuldig ist, nur einem anderen bezahlen kann.

Anselm: Wem sollte er passender die Frucht und den Lohn seines Todes zueignen, als denen, zu deren Erlösung (wie die wahre Vernunft uns gelehrt hat) er sich zum Menschen gemacht hat, und welchen er (wie wir sagten) durch sein Sterben ein Beispiel des Sterbens um der Gerechtigkeit willen gegeben hat? Sie würden umsonst seine Nachfolger sein, wenn sie seines Verdienstes nicht teilhaftig wären. Oder wen sollte er billiger zu Erben einer Schuldforderung, deren er selbst nicht bedarf, und seiner überschwenglichen Fülle einsetzen, als seine Eltern und Brüder, die er mit so vielen und großen Schulden behaftet vor Armut in der Tiefe des Elends schmachten sieht, damit ihnen erlassen werde, was sie für die Sünden schuldig sind, und gegeben, woran sie um der Sünde willen Entbehrung leiden?

Boso: Die Welt kann nichts Vernünftigeres, nichts Süßeres, nichts Wünschenswerteres hören. Ich wenigstens schöpfe ein so großes Vertrauen daraus, daß ich jetzt nicht sagen kann, mit was für Freude mein Herz frohlockt. Denn ich glaube, daß Gott keinen Menschen hinausstößt, der unter diesem Namen zu ihm kommt.

Anselm: So ist es, wenn er kommt wie er muß. Wie man aber zur Teilnahme an einer so hohen Gnade kommen und unter ihr leben müsse, lehrt uns überall die Heilige Schrift, welche auf die gewisse Wahrheit, die wir mit Gottes Hilfe einigermaßen durchschaut haben, wie auf einen festen Grund gegründet ist.

Boso: In der Tat, was nur immer auf diesem Grund erbaut wird, das wird auf einem festen Felsen gegründet.

Anselm: Ich glaube deiner Frage nun etwas entsprochen zur haben, obgleich dies ein besserer als ich vollständiger tun kann, und gewichtigere, wie zahlreichere Gründe, als mein eigener oder ein sterblicher Geist zu fassen imstande ist, für diesen Gegenstand vorhanden sind. Es ist auch offenbar, daß Gott das, was wir gesagt haben, zu tun durchaus nicht nötig hatte, sondern die unveränderliche Wahrheit forderte es so; denn obschon dieses, was jener Mensch getan hat, eine Tat Gottes genannt wird wegen der Einheit der Person, so hatte Gott doch nicht nötig, vom Himmel herabzusteigen, um den Teufel zu überwinden, noch das Rechtsverfahren gegen ihn zu ergreifen, um den Menschen freizumachen; sondern Gott forderte vom Menschen, daß er den Teufel besiegte und durch Gerechtigkeit Genugtuung leistete, wie er durch die Sünde Gott beleidigt hatte. Denn dem Teufel war weder Gott etwas schuldig, außer der Strafe, noch der Mensch etwas außer der Wiedervergeltung, daß er, von jenem besiegt, ihn wieder besiegte; aber alles, was von ihm gefordert wurde, war er Gott, und nicht dem Teufel schuldig.

20. Kapitel.

Wie groß und wie gerecht die Barmherzigkeit Gottes ist.

Anselm: Die Barmherzigkeit Gottes aber, welche dir verlorenzugehen schien, als wir die Gerechtigkeit Gottes und die Sünde des Menschen betrachteten, haben wir so groß und so im Einklang mit der Gerechtigkeit gefunden, daß man sich dieselbe weder größer, noch gerechter vorstellen kann. Was kann man nämlich Erbarmungsvolleres denken, als wenn zu einem Sünder, der zu ewigen Qualen verdammt ist und nichts hat, womit er sich lösen kann, Gott der Vater sagt: „Nimm meinen Eingeborenen und gib ihn für dich"; und der Sohn selbst: „Nimm mich und kaufe dich los?" Denn so sprechen sie gleichsam, wenn sie uns zum christlichen Glauben rufen und ziehen. Was ist ferner gerechter, als daß der, welchem ein alle Schuld übertreffender Preis mit der schuldigen Neigung gegeben wird, alle Schuld erläßt?

21. Kapitel.

Daß die Versöhnung des Teufels unmöglich ist.

Die Versöhnung des Teufels aber, um die du gefragt hast, wirst du unmöglich finden, wenn du die menschliche sorgfältig erwägst. Denn so wie der Mensch nur durch den Gottmenschen versöhnt werden konnte, der sterben konnte und durch dessen Gerechtigkeit Gott wiederersetzt wurde, was er durch die Sünde des Menschen

(170)

verloren hatte; so können die verdammten Engel nur durch einen Gottengel erlöst werden, der sterben kann und durch seine Gerechtigkeit Gott wiederbringt, was die Sünden der anderen geraubt haben. Und so wie der Mensch durch einen anderen Menschen, der nicht von demselben Geschlecht, obgleich von derselben Natur war, nicht durfte aufgerichtet werden, so darf kein Engel durch einen anderen Engel erlöst werden, obgleich alle eines Wesens sind, weil sie nicht von demselben Geschlecht sind, wie die Menschen. Denn nicht so sind alle Engel von einem Engel, wie alle Menschen von einem Menschen. Auch hindert der Umstand ihre Erlösung, daß, wie sie gefallen sind, ohne daß ein anderer sie zum Fall verführte, sie so ohne die Hilfe jemandes wieder aufstehen müssen; was für sie unmöglich ist. Denn anders können sie in die Würde, welche sie haben sollten, nicht wieder eingesetzt werden; weil sie ohne fremde Hilfe durch die eigene Macht, welche sie empfangen hatten, in der Wahrheit standhaft geblieben wären, wenn sie nicht gesündigt hätten. Wenn deswegen jemand denkt, daß die Erlösung unseres Heilandes sich sogar einmal bis zu jenen erstrecken müsse, so wird er mit der Vernunft überführt, daß er von seiner Vernunft getäuscht wird. Das meine ich nicht so, als wenn der Preis seines Todes alle Sünden der Menschen und der Engel durch seine Größe nicht überwöge, sondern weil mit der Wiederaufrichtung der verlorenen Engel die ewige Vernunft streitet.

22. Kapitel.

Daß in dem Gesagten der Beweis liegt
für die Wahrheit des Alten und Neuen Testamentes.

Boso: Alles, was du sagst, scheint mir vernünftig und unwidersprechlich; und durch die Lösung der einen Frage, die wir aufgeworfen haben, finde ich den gesamten Inhalt des Neuen und Alten Testamentes bewiesen. Denn da du die Notwendigkeit der Menschwerdung Gottes so beweist, daß du, wenn man das wenige, was du aus unseren Büchern hinzugesetzt hast, wegdenkt (wie das, was du von den drei Personen Gottes und von Adam berührt hast), nicht allein die Juden, sondern auch die Heiden mit der bloßen Vernunft zufriedenstellst; und da eben der Gottmensch selbst das Neue Testament gründet und das Alte bestätigt; so kann man, wie es notwendig ist, ihn als den Wahrhaftigen zu bekennen, die Wahrheit ihres Inhaltes in keinem Punkt bestreiten.

Anselm: Wenn wir etwas gesagt haben, was verbessert werden müßte, so lehne ich die Verbesserung nicht ab, falls sie mit Vernunft geschieht. Wenn aber durch das Zeugnis der Wahrheit bestärkt wird, was wir auf dem Wege der Vernunft gefunden zu haben meinen, so müssen wir es nicht uns, sondern Gott zuschreiben, welcher ist gelobt in Ewigkeit. Amen.